The Elder Scrolls® ONLINE

엘더스크롤 공식 탐리엘 생존 안내서

토리 쉐퍼 지음

도토리
DOTORY

The Elder Scrolls
— ONLINE —

엘더스크롤 공식
탐리엘 생존 안내서

목차

여는말 9

스카이림 11
    적절한 준비물
    추위와의 한판 승부
    곰을 만났을 때
    결론

해머펠 27
    더위 극복하기
    항해
    상처 관리
    결론

엘스웨어 43
    도둑 주의!
    납치에서 살아남기
    폭포에서 떨어져도 살아남는 법
    모피 혈통이란?
    결론

블랙 마쉬 59
    늪지의 위험
    블랙 마쉬의 야생
    히스트는 무엇인가?
    결론

모로윈드 77
    대가문
    (합법적인)암살 피하기
    화산에서 살아남기
    트라이뷰널
    결론

시로딜 91
하이 락 93
  길 찾기
  말 타는법
  오시머
  결론

발렌우드 115
  녹색 조약
  식단에 고기 추가
  물 구하는 법
  결론

서머셋 제도 131
  마법과 마법사
  마법 공격으로부터 살아남기
  야영의 기본
  결론

데이드라 영역 149
  데이드릭 프린스
  데이드릭 광신도
  결론

안전한 여행을 기원하며 167

저자 소개 168
일러스트레이터 소개 168

작가의 말

사람들이 그러더군. 글은 가벼운 한 끼 식사지만, 그림은 성대한 만찬이라고. 처음 들었을 때 무릎을 탁 쳤어! 자다샤는 절대 초라한 상을 차리는 법이 없거든.

그래서 이 책에도 그림을 잔뜩 채워넣었어. 그것도 아주 생생한 걸로 말이야. 이 그림들을 구하느라 제법 큰돈도 썼고, 여기저기 뛰어다니며 애도 좀 먹었어. 때로는 목숨을 걸어야 했다고!

출처? 흠... 그건 그냥 넘어가는 게 좋겠어. 모두를 위해서 말이야. 그냥 자다샤가 너의 모험을 위해 준비한 작은 선물이라고 생각해. 네가 맞닥뜨릴 놀랍고도 무시무시한 것들을 미리 보여주는 거지. 맘껏 즐기라고!

여는말

자다샤의 아빠가 늘 하던 말이 있어. "학자는 흐린 날의 차양 같아. 비가 쏟아지기 전까진 아무리 옳은 말을 해도 누구도 귀 기울이지 않지."

그 말이 늘 가슴에 남아있어. 자다샤는 학자는 아니지만, 살아남는 법에 대해선 이런저런 걸 꽤 배웠어. 눈보라 속에서 살아남는 법, 사막의 불같은 열기를 피하는 법이라든지... 아, 상처를 치료하고 먹을 걸 구하는 방법도 물론 잘 알고 있지! 이런 건 반다리라면 엄마 젖 떼기 전부터 배우는 기본 중의 기본이잖아?

탐리엘을 보면 말이야, 마치 조각보 같아. 서쪽으로 가면 모래바람이 춤추는 사막이랑 하늘을 찌를 듯한 험악한 산맥이 펼쳐져 있고, 동쪽엔 끊임없이 연기를 뿜어대는 화산이랑 발목을 잡아채는 늪이 있지. 섬, 오아시스, 우거진 정글에 얼음이 뒤덮인 툰드라까지! 달이 차고 기우는 것보다 더 자주 풍경이 바뀐다니까? 위험도 그만큼 달라진다고. 그래서 이 몸의 안내서가 필요한 거야. 비싸다고? 흠... 내 목숨을 걸고 모은 정보들이라 이 정도면 오히려 싸다고 봐야지! 탐리엘 구석구석에 숨어있는 위험이랑, 그걸 슬쩍 피해 가는 방법을 낱낱이 알려줄 테니까.

잠깐! 시작하기 전에 하나만 말해둘게. 이 책을 꼼꼼히 읽는 건 정말 좋아. 근데 가장 중요한 건, 네가 곤란한 상황에 부닥쳤다면 주저하지 말고 도움을 요청하라는 거야! 치유사든, 전사든, 사제든, 길거리 상인이든 상관없어. 어려울 땐 누구에게든 손을 내밀어야 해. 그들은 이 훌륭한 안내서보다 더 큰 도움이 될 거야.

하지만... 주변에 아무도 없고 네가 완전히 혼자라면? 그때는 이 생존 안내서가 네가 가진 전부일지도 몰라. 너와 저 먼 별들 너머 끝없는 사막 사이에 있는 유일한 친구가 되는 거지! 자, 이제 시작해볼까?

스카이림

스카이림? 눈 덮인 산봉우리랑 차가운 기후로 유명한 곳이지! 믿기 힘들겠지만, 한여름에도 눈을 볼 수 있다니까?

그나마 스카이림의 남부 지역은 날씨도 덜 춥고 숲도 푸른데... 거기조차도 겨울은 정말 끔찍하다고. 리프튼의 상인들 말로는 겨울이면 마차 바퀴가 얼어붙어서 꼼짝도 못한다더라. 북쪽으로 가면, 유령의 바다라고 부르는 곳이 있는데, 거대한 빙하랑 빙산이 미로처럼 펼쳐져 있어. 왜 유령의 바다냐고? 수많은 선원들이 이곳에서 사라졌거든...

재미있는 건 말이야, 스카이림 어디를 가든 드웨머들이 만든 기계랑 피에 굶주린 팔머로 가득한 동굴이랑 유적을 발견하게 될 거야. 이 땅은 아름답긴 한데... 그만큼 위험하기도 해.

노드는 스카이림의 원주민인데, 그들이 사는 땅만큼이나 고집 세고 단단한 족속들이야. 거대한 서리 거미가 우글거리는 동굴부터 뼈가 얼어붙을 것 같은 눈보라와 매일매일 맞서 싸우는 걸 자랑스러워 하지. 재밌는 건, 이 녀석들은 전투의 함성을 지르는 것만큼 축제에서도 열정적으로 노래한다는 거야! 밤새도록 벌꿀주를 마시면서 말이지. 그리고 이런 거친 삶을 진심으로 즐기는 것 같더라고.

이 땅을 안전하게 여행하고 싶다고? 그럼 따뜻한 망토랑 단단한 장화로 잘 준비하고, 본능을 믿는 것도 중요하지만, 이 카짓의 안내서에 담긴 오랜 지혜가 네 목숨을 구할지도 몰라. 자, 이제 진짜 이야기를 시작해볼까!

적절한 준비물

자, 이제 여행 준비물 얘기를 해볼까? 첫발을 떼기 전에 진짜 필요한 게 뭔지 파악하는 게 중요해. 물론 어디로 가느냐에 따라 필요한 게 다르긴 하지만... 일단 스카이림을 여행하는 데 꼭 필요한 기본적인 것들부터 알려주도록 하지. 걱정 마, 다른 지역 것들은 다음 장에서 자세히 다루자고.

물과 음식

물과 음식은 정말 기본 중의 기본이야! 이것도 없이 여행을 떠나는 건 죽고 싶다고 소리 지르는 거나 마찬가지지. 얼마나 오래 여행할지 계산하고, 하루에 얼마나 필요한지 잘 따져봐. 간단하지 않아? 이 몸이 오랜 경험에서 우러나온 조언을 하자면, 상하지 않는 음식이 최고야. 크래커, 육포, 견과류 같은 거 말이야. 얼마나 보관할 수 있을지 모르겠다고? 그럴 땐 마을 상인이나 여관 주인한테 물어보라고! 그들이 여행자들 상대하면서 쌓은 지혜가 어마어마하거든.

초보 여행자들은 달콤한 스위트롤이나 신선한 머드크랩 다리 같은 맛있는 걸 잔뜩 챙기고 싶어하지. 뭐, 다들 그래. 하지만 진심을 담아 말해주자면, 맛은 조금 덜해도 오래 보관할 수 있는 든든한 음식이 훨씬 낫다고! 이 카짓이 스카이림 여행하면서 즐겨 먹은 건 구운 스키버 고기, 호커와 화산참마로 만든 따뜻한 스튜, 그리고 진한 매머드 치즈였어. 이런 건 마을이나 도시에서 쉽게 구할 수 있지. 게다가 배도 든든하게 채워주고!

스카이림이 위험하긴 해도 물 걱정은 안 해도 돼. 맑은 호수랑 깨끗한 강이 많거든! 눈도 녹여 마실 수 있고. 근데 눈을 직접 먹고 싶은 생각은 절대, 정말 절대 하지 마! 이 카짓이 진지하게 경고하는데, 그러다간 뼛속까지 얼어붙어서 오히려 더 목말라질 거야. 치료사들은 이걸 뭐라고 부르더라... 아, 맞다! 탈수였지!

그냥 사냥하면 안 되냐고? 물론 기회는 많아. 통통한 사슴이나 귀여운 토끼 같은 작은 야생동물을 잡아먹을 수 있지. 하지만 이 몸이 하는 말 잘 들어. 사냥하느라 시간이랑 힘을 너무 많이 쓰면 여행이 늦어질 수 있어. 그러니까 진짜 먹을 게 없을 때만 사냥하라고. 그게 아니면? 힘을 아끼고 계속 걸어가는 게 최고야! 아! 그리고 잊지 마. 사냥감이 보이더라도 성급하게 덤비지 말고, 주변에 더 큰 포식자가 없는지 꼭 확인하라고. 자다샤는 한번 토끼를 사냥하려다 곰이랑 마주친 적이 있는데... 그건 또 나중에 얘기해주지!

도구 및 기타 물품

도구랑 장비는 뭐가 좋냐고? 이 카짓은 그것만 가지고도 책 한 권을 쓸 수 있을 거야. 언젠가는 그럴지도 모르지! 하지만 일단 기본적인 것부터 시작하자고. 비 오는 날 너를 마른 상태로 지켜줄 천막이면 좋은 시작이지. 푹신한 담요나 깔개도 있으면? 차갑고 질척거리는 땅바닥에서 자고 싶진 않을 테니까. 부싯돌이 있으면 불도 눈 깜짝할 새 피울 수 있고, 날카로운 칼이 있으면 쉼터도 만들고 다른 도구도 만들 수 있지. 자, 이제 이 카짓이 꼭 필요한 것들을 하나하나 알려줄게!

- **횃불**

밤이 되면 어두컴컴하잖아? 또 네가 바보같이 드웨머 유적이나 동굴을 탐험하려 들 때도 필요할 거! 그리고 늑대 떼를 쫓아내는 데도 아주 효과적이라고.

- **침낭**

추운 지역에선 정말 목숨줄이나 다름없어. 얼어붙은 땅이 네 몸을 꽁꽁 얼릴 테니까. 그리고 한번 그 포근함을 맛보면, 다시는 놓치고 싶지 않을걸?

- **천막**

스카이림의 밤하늘을 즐기는 것도 좋지만, 비구름이나 눈보라가 가릴 때가 많아. 천막 안이 훨씬 따뜻하고 편하지! 아마 포랑 면으로 만든 게 최고야. 비도 막아주고 더운 날엔 바람도 잘 통하거든. 거미줄이나 실버위브로 만든 건 어떠냐고? 부자들이 좋아하는데, 이 카짓이 경험담을 들려줄게. 한번은 눈보라를 만났는데 순식간에 찢어져서 이를 덜덜 떨며 밤을 새웠다고!

- **부싯돌과 땔감**

마법사가 없다면? 부싯돌은 목숨줄이나 마찬가지야. 마른 나무는 숲에서 쉽게 구할 수 있으니까 걱정 마. 그리고 이왕이면 자작나무 껍질도 모아두라고. 불쏘시개로는 최고거든!

- **여벌의 옷**

많은 여행자들이 셔츠 하나만 입고 가는데, 이건 정말 바보 같은 짓이야! 옷이 젖거나 더러워지면 고생길이 훤하다고. 나중에 이 카짓의 말을 듣길 잘했다고 생각할걸? 튼튼한 여행용 옷을 챙기라고. 섀도 하이드는 비싸겠지만, 가죽 재킷이랑 부츠만 있어도 어디든 갈 수 있어! 아, 그리고 양말은 꼭 여러 개 챙겨. 발이 젖으면 여행이 끝날 수도 있으니까.

- **밧줄**

밧줄은 언제 어디서든 유용해! 자다샤도 이거 하나로 수없이 목숨을 건졌어. 절벽에서 떨어질 뻔한 적도 있고, 동굴에서 길을 잃었을 때도 이걸로 빠져나왔지. 너도 꼭 챙겨!

다음 페이지에서 계속...

- **물주머니**

    자다샤가 저번 여행에서 구매하길 제일 잘한 게 바로 가죽 물주머니야. 사막이든 눈밭이든 이게 있어야 해. 동료들 모두 하나씩 지니도록 해야 하고, 항상 가득 채워둬야 해. 목마르면 배고픈 것보다 더 빨리 죽는다고! 아! 그리고 가능하면 예비용도 하나 더 챙기라고.

- **지도와 나침반**

    지도는 북쪽으로 가라고 하는데, 나침반은 북쪽이 어딘지 알려주지. 둘 다 없으면? 길 잃을 각오는 하고 다니라고!

- **튼튼한 배낭**

    물건들을 어디에 넣고 다닐 건데? 당연히 튼튼한 게 좋지! 여행 중에 찢어지면 끝이니까. 아! 그리고 꼭 방수 처리가 된 걸로 사. 네 물건들이 젖는 걸 보고 싶진 않을 테니까!

이게 기본 준비물이긴 한데, 다 챙긴다고 끝은 아니야. 제일 중요한 건 앞으로 뭘 만날지 준비하는 거라고! 네가 가는 지역을 꼼꼼히 알아보고, 어떤 도구가 필요할지 미리미리 생각해 둬야 해.

추위와의 한판승부

여행자, 이 카짓의 말을 정말 잘 들어봐. 스카이림의 겨울이 얼마나 무서운 줄 알아? 장난 아니라고! 준비 안 하고 갔다가 산꼭대기에서 얼어 죽은 바보들이 수두룩하다니까. 이 카짓의 최고급 털코트도 칼날 같은 바람이랑 끝도 없는 눈보라를 버티기가 쉽지 않았어. 너같이 벌거벗은 녀석은 제대로 준비하고 가야 해. 아니면? 앞으로 더 이상 여행은 없을 거야!

추위와 마주치기

마법사들은 쉽지. 불꽃 주문이나 변이 마법으로 끝이니까! 하지만 탐리엘 사람들 대부분은 마법이고 뭐고 못하잖아? 그래서 이 카짓이 현실적인 방법을 알려줄게..

겹겹이 옷 입기

아무리 두꺼운 외투라도 하나론 절대 부족해. 어떤 마법사가 알려준 바론 옷 사이에 공기가 갇혀서 그렇다나 뭐라나... 처음엔 미친 소리인 줄 알았지! 근데 생각해 보니까 맞는 것 같더라고. 이 몸은 얇은 옷 여러 개 겹쳐 입고 따뜻했는데, 비싼 겨울 코트 하나만 입은 녀석들은 이빨을 달달 떨더라니까!

추위 피하기

스카이림의 추위는 문 슈거 럼주 한 병을 단번에 마시는 것보다 더 빨리 너의 기운을 빼앗을 거야. 피부는 최대한 가리고, 얼음 칼날 같은 바람은 피하는 게 상책이지. 피곤해서 눕고 싶어? 땅바닥에 두꺼운 천이나 모피를 깔지 않으면 네 체온이 순식간에 빠져나갈 거야!

그리고 제발 젖으면 안 돼. 특히 땀 많이 흘리는 녀석이라면 더더욱! 혹독한 추위 속에서 젖은 여행자는 곧 죽은 여행자라고! 땀이 나면 곧바로 옷을 갈아입어. 그리고 절대, 정말 절대로 젖은 옷을 입은 채로 자면 안 돼. 아침이 되면 네가 얼음 조각이 되어있을 테니까.

아! 그리고 하나 더. 추위 속에서 술은 적당히 마셔. 처음엔 따뜻한 것 같지만, 나중엔 더 춥다고. 이건 자다샤가 직접 겪어본 뼈아픈 교훈이야...

◆

얼음물에 빠졌을 때

스카이림의 호수는 겨울엔 꽁꽁 얼어붙어. 그러면 그 넓은 호수 위를 걷는 것이 주위를 돌아가는 것보다 훨씬 빠를 수 있지. 하지만... 그렇게 얼음 위를 걷다 보면 '우두둑' 하는 소리와 함께 얼음이 깨질 수도 있어. 그때 발버둥치고 당황하면? 죽을 각오나 해! 이 카짓의 지혜를 따르고 싶다면 잘 들어.

- **침착함을 유지해**

  갑자기 차가운 물에 빠지면, 숨도 못 쉬겠고 온몸이 얼어붙는 것 같겠지. 하지만 두려움에 빠지면 죽은 목숨이야. 네게 주어진 시간은 몇 분 없어. 빨리 움직여야 한다고!

- **발버둥치지 마**

  무거운 옷이라도 벗어서 무게를 줄이고 싶을 거고, 그 옷이 너를 물속 깊이 끌어당기는 것처럼 느껴지겠지. 하지만 그럴 시간 없어! 오히려 그 옷 안의 따뜻한 공기가 널 떠오르게 할 거야.

- **단단한 얼음을 찾아**

  물 위로 나왔으면 이제 빠져나갈 차례야. 아까 걸어왔던 쪽을 찾아. 그 얼음이라면 너를 버틸 수 있을 거야. 새로운 길을 찾으려다간 더 위험한 상황에 빠질 수 있으니까.

- **물에서 빠져나와**

  말처럼 쉽지는 않겠지. 얼어붙은 물은 순식간에 너의 힘을 빼앗을 거야. 얼음 위에 팔을 올리고 다리로 힘차게 차면서 몸을 앞으로 밀어! 이렇게 하면 호저

다음 페이지에서 계속...

처럼 얼음 위로 미끄러져 올라갈 수 있을 거야. 팔다리가 마비된 것 같아도 포기하면 안 돼!

• **기어서 움직여**

한 번 얼음 속으로 빠졌다면, 다시 그렇게 될 가능성도 높아. 절대, 정말 절대 일어서지 마. 호저처럼 배로 미끄러지면서 앞으로 기어가. 체중을 고르게 분산시키는 게 핵심이야. 무사히 단단한 땅에 도착할 때까진 계속 그대로!

• **몸을 따뜻하게 해**

뭍에 도착하면 가능한 한 빨리 불을 피우고 젖은 옷을 전부 갈아입어야 해. 물에 빠져 안 죽었다고 방심하면? 추위가 널 데려갈 거야!

피난처 찾기

이제 추위를 피해 쉴 때야! 자다샤도 당연히 따뜻한 여관에서 아늑한 불 옆에 앉아 꿀맛 같은 벌꿀주를 홀짝이는 게 좋지. 스카이림엔 '외로운 트롤'이나 '말라비틀어진 나무' 같은 분위기 좋고 멋진 여관이 많아. 하지만… 사람들이 다니는 길에서 벗어났거나… 숙박비 낼 셉팀도 없다고? 달이시여, 그럼 어떡하지?

여관을 못 찾았다면, 다른 방법을 찾아야지! 동굴도 괜찮지만, 무시무시한 서리 거미 둥지나 트롤의 보금자리일 수 있어. 자다샤는 한번 그런 동굴에서 아슬아슬하게 도망친 적이 있는데… 으… 생각만 해도 등골이 오싹해. 동굴도 없고 그런 위험을 감수하고 싶지 않다고? 그럼 눈으로 작은 피난처를 만들면 돼!

먼저 안전한 장소를 찾아야 해. 특히 스카이림의 산에서는 더더욱! 눈사태가 일어날 만한 장소는 피해야 하는데, 공터 아래에 부러진 나무나 잔해물이 있다면? 위험하다고! 절벽이나 높은 곳도 피하는 게 좋아. 떨어져 죽는 것보단 낫지 않겠어? 바람을 막아주는 큰 바위 뒤나 울창한 침엽수 아래가 좋은 자리야.

큰 눈더미를 찾아서 너비보다 높이가 더 높은 공간을 파. 그래야 눈이 머리 위로 무너지지 않아! 입구는 아래쪽에 파서 바람이 안 들어오게 하고, 꼭대기엔 공기가 통할 수 있는 작은 구멍도 만들어야 해. 공기가 없으면 아무리 따뜻해도 질식해버릴 수 있으니까! 주변에서 구할 수 있는 가지나 잔해물로 피난처를 튼튼하게 보강하는 것도 잊지 마.

근데 이것도 적당히 해야 해. 빠르고 효율적으로 하는 게 최고야! 땀 흘리는 건 좋지 않거든. 땀이 많이 나면? 몸의 소중한 열을 빼앗기고 더 추운 환경에 노출된다고! 자다샤는 한번 이걸 몰라서 피난처 만들다가 옷이 다 젖어버린 적이 있는데... 그날 밤은 정말 지옥 같았어.

더 큰 위험들

추위가 얼마나 무서운지 들어봐. 모래 위를 걷는 우리 카짓들에게는 더더욱 끔찍하지! 엘스웨어의 뜨거운 태양 아래서 자란 우리한텐 이런 추위가 저주나 다름없어. 치유사가 아니어도 꼭 알아야 해. 잘 대비하지 않으면 서리가 너를 죽일 수 있다고! 자다샤의 말 잘 들어. 살아남는 방법을 알려줄 테니까.

동상

스카이림의 추위는 네 살을 돌처럼 얼릴 정도로 강하다고! 치유사들은 이걸 '동상'이라고 부르는데, 딱 맞는 이름이지. 먼저 손가락, 발가락, 꼬리 같은 몸의 끝 부분을 공격하고, 그다음엔 팔다리를 따라 올라가. 자다샤는 윈드헬름에서 동상에 완전히 잠식된 손을 본 적이 있는데... 으... 차라리 드레모라를 보는 게 나았을 거야.

처음엔 피부가 창백해지고 나무처럼 딱딱해져. 가끔 물집도 생기고. 따뜻해지면 붉거나 보라색으로 변하는데, 피부가 검게 변했다면? 그땐 이미 그 부분은 죽은 거야. 아주 실력 있는 치유사나 날카로운 톱이 필요하지. 다른 상처들처럼, 동상도 걸리지 않는 게 최고야. 이 카짓이 말한 대로 따뜻하게 입고 다니면 도움될 거야.

하지만 최악의 상황이 왔다면? 절대로 피부를 문지르거나 물집을 터뜨리지 마! 더 나빠질 수 있어. 치유 연고가 있으면 바르고 느슨하게 감싸. 알로에 베라가 최고라던데? 팔다리는 높이 들고 물도 많이 마셔. 그리고 제일 중요한 건? 당장 따뜻한 피난처를 찾는 거야. 동상이 약할수록 치료하기도 쉽고 회복할 가능성이 높으니까.

얼어붙은 팔다리는 녹여야 하는 게 당연하지. 근데 안전한 피난처를 찾고, 다시 얼지 않을 만한 환경일 때만 해야 해! 해동된 피부가 붉거나 보라색이라면 그나마 회복할 가능성이 있다는 소리야. 계속 연고 바르고, 느슨하게 감고, 높이 들고, 물 많이 마시면 살은 살아날 거야. 근데 검게 변했다면? 음... 이 카짓이 아까 말했듯이, 잘라내야 해. 이미 죽었거든. (자다샤의 삼촌이 '꼬리 없는 타다시'가 된 이유가 바로 그거야!)

저체온증

몸의 온도가 너무 낮아져서 해결 못 하면? 그냥 죽는 거지! 동상도 위험하지만, 저체온증만큼 무섭진 않아. 동상은 심해도 그 부위만 잘라내면 되지만, 저체온증은? 체온을

회복 못 하면 그대로 차가운 영혼이 되는 거야! 드루아다크 산맥엔 이렇게 죽은 시체들이 널려있어. 이 카짓은 네가 그중 하나가 되는 건 보고 싶지 않아.

저체온증을 예방하기 위해 첫 번째로 할 일은 따뜻하게 있는 거야! 이미 말했지만, 옷을 젖지 않게 신경 쓰고 피난처도 찾아야 해. 그리고 술? 정말 위험해! 몸이 따뜻해지는 것 같지만 그건 기분뿐이야. 오히려 몸을 속여서 열을 덜 유지하게 만든대. 치유사가 뭐라더라... 혈류가 어쩌고 팔다리가 저쩌고... 휴... 이 카짓도 다 이해하진 못했지만 어쨌든 안 좋은 건 확실해.

그리고 술은 아무리 머리가 좋은 녀석도 바보로 만드는데, 바보들이 술을 마시면 자기가 추운지도 모를 수 있어. 스쿠마나 그린모트, 펠듀도 마찬가지고. 정신이 흐려지면 스카이림의 추위에서 살아남기 힘들어. 자다샤도 한때는 달콤한 문 슈거의 유혹에 넘어갔었지만... 그날 밤의 기억은 차라리 잊고 싶어. 그런 재밌는 것들은 따뜻한 여관에서나 하라고!

저체온증의 징후가 궁금해? 첫 번째는 통제 불가능한 떨림이야. 마치 문 슈거를 본 카짓처럼 덜덜 떨린다고! 손가락으로 단검도 제대로 못 잡을 정도로 말이야. 그다음엔 방향 감각도 잃고, 혼란스러워지고, 아무것도 신경 쓰기 싫어져. 심지어 추위도 안 느낀다고 우길 수도 있어! 동료가 이런 상태면? 그들의 말은 믿지 마. 몸이 보여주는 게 진실이야.

이때 만약 치료를 안 하면 더 심각해져. 더 혼란스러워지고, 비틀거리고, 졸음이 쏟아져. 어디서든, 눈밭에서도 잠들고 싶어질 거야. 하지만 그 달콤한 유혹을 절대 이겨내! 그렇게 잠들면 영원한 잠이 될 수도 있어. 동료가 그렇게 되면? 깨우기 위해 뭐든 해! 때려서라도!

저체온증이 더 심해지면 더 바보 같은 짓을 하게 돼. 이 카짓은 눈보라 속에서 "덥다!"면서 옷을 벗으려는 카짓들을 봤다고! 말도 안 되지? 짜증 내고 고집부리면서 도와주려는 사람들이랑 싸우려고 할 수도 있어. 동료가 이러면? 묶어서라도 안전한 곳으로 데려가. 목숨이 달린 일이니까.

하지만... 갑자기 얌전해진다면 마음의 준비를 하는 게 좋을 거야. 의식을 잃거나 걷지도 못하게 될 수 있어. 숨도 약해지고, 몸은 뻣뻣해지고, 피부는 얼음장처럼 차가워지고 파래질 수도 있지. 이건... 죽음이 코앞에 왔다는 신호야.

어떤 증상이든 저체온증에 걸린 사람은 당장 따뜻하게 해줘야 해! 피난처, 불, 담요가 필요하지. 젖은 옷은 마른 걸로 갈아입히고. 피난처를 찾으면? 모든 방법으로 체온을 나눠야 해. 네 동료가 죽은 호커처럼 냄새가 나도 신경 쓰지 마. 자존심? 그런 건 던져버려! 따뜻해져야 살 수 있으니까!

마지막으로 제일 중요한 건, 저체온증이 심하면 무조건 치유사를 찾아가야 한다는 거야. 그들의 따뜻한 마법이면 빠르고 간단하게 회복할 수 있어. 셉팀 몇 푼이 목숨보다 더 귀중하진 않잖아? 그렇지? 살아있는 가난뱅이가 죽은 부자보다 낫다고 자다샤의 할머니가 늘 그러셨거든!

곰을 만났을 때

이 몸이 스카이림을 처음 여행했을 때, 거대한 동굴 곰이랑 마주쳤어. 달이시여, 당연히 무서웠지! 덩치는 마차만 하고, 발톱은 단검보다 크고, 이빨은 검보다 날카로웠는데. 근데 봐, 이렇게 살아서 안내서를 쓰고 있잖아? 어떻게 했는지 궁금해? 지금부터 자다샤의 생존 비결을 알려줄게!

참고로 말해두는데, 전사나 마법사한테는 이 조언이 별로 도움이 안 될 수도 있어. 곰이 달려들면? 싸우면 되지! 아마 걔들한테는 식은 죽 먹기보다 쉬울걸? 하지만 우리처럼 힘이나 마법에 재능 없는 녀석들도 할 수 있는 게 있다고. 머리를 쓰면 돼!

아, 그리고! 이건 정말 중요해! 스카이림의 더 위험한 놈들한테는 이 방법은 절대, 정말 절대 안 통해. 트롤이나 얼음 망령, 해그레이븐 같은 걸 만났다고? 미안하지만 그땐 이 카짓도 도와줄 수 없어! 그땐 그냥… 달리는 게 상책이야.

◆

해야 할 일

- **무리를 지어 여행해**
  우리가 곰을 무서워하는 것처럼 곰도 우리를 무서워해. 사람이 많을수록 곰이 먼저 알아채고 도망갈 가능성이 높아. 절대 혼자 돌아다니지 마! 자다샤는 한번 혼자 다니다가 곰 세 마리를 만난 적이 있는데… 아직도 그날 밤 악몽을 꾼다고.

- **부드럽게 말해**
  대부분의 곰은 연어랑 꿀, 열매나 좋아하지, 카짓이나 노드, 다른 종족 먹는 데엔 관심 없어. 부드럽게 말하고, 움직임을 최소화하면서 가만히 서 있으면 돼. 곰이 궁금해할 순 있지만, 널 해치려는 건 아니야. 보통은 말이지…

- **몸집을 커 보이게 해**
  네 몸집이 더 커 보일수록 곰이 달려들 가능성은 줄어들어. 더 커 보이고 싶어? 팔다리를 벌리고 높은 곳으로 올라가! 망토나 가방으로 몸을 부풀려도 좋아.

- **어린 아이들은 끌어안아**
  곧 후다닥 도망가야 할 수도 있으니까 어린 애들이나 작은 애완동물은 안고 있어. 작은 녀석들을 뒤에 두고 도망가고 싶진 않을 테니까. 물론 미끼로 쓰는 놈들도 봤는데… 어, 이건 무시해! 자다샤는 그런 짓 절대 안 한다고!

- **침착함을 유지해**
  이게 진짜 중요해! 당황해서 소리 지르

다음 페이지에서 계속…

고 막 움직이면 곰이 공격할 수 있어. 곰이 으르렁거리거나 달려들 것만 같아도, 진짜 공격하는 게 아니면 침착하게 있어야 해. 네 심장이 터질 것 같아도 참아!

• **옆으로 피해**
곰이 가만있고 네가 침착하다면? 천천히 조심스럽게 옆으로 움직여. 절대로 등을 보이면 안 돼! 넘어지지 않게 조심해. 그러다 넘어지면 곰이 놀라서 공격할 수도 있으니까.

• **그 지역을 떠나**
이건 당연하잖아? 그날은 그 숲이 곰의 차지야. 그냥 양보하라고! 네 목숨이 그 길을 꼭 지나가야 할 만큼 중요한 건 아니잖아? 돌아가는 길이 멀어도 참아. 살아있는 게 어디야!

하지 말아야 할 일

• **큰 소리를 내거나 빠르게 움직이지 마!**
이러면 곰이 확실히 공격할 수 있어. 네가 전사나 마법사가 아니라면? 맨몸으로 곰이랑 싸워서 이기는 건, 달을 따는 것만큼이나 불가능해!

• **도망가지 마!**
곰은 개처럼 도망가는 걸 쫓는 걸 좋아해. 그리고 널 잡으면? 개 껌의 운명을 생각해봐! 좋을 리가 없지! 이 까짓을 믿어, 곰은 말만큼 빨리 달릴 수 있고, 리프튼에서 윈드헬름까지 쉬지 않고 달릴 수 있다고! 그들은 널 꼭 잡을 거야.

• **배낭을 버리지 마!**
조금이라도 더 빨리 달리겠다고 배낭을 버린다고? 네 배낭이 너랑 날카로운 발톱 사이의 마지막 방패가 될 수 있어! 아무리 빨리 달려도 곰보다 빨리 달리는 건 불가능해!

• **나무에 올라가지 마!**
많은 곰들이 나무도 잘 타. 나무를 탄다는 건 곰이랑 싸우거나 높은 데서 떨어져서 뼈가 부서지는 선택을 한다는 거나 마찬가지야.

• **새끼 곰과 어미 곰 사이에 서지 마!**
위험하게 생긴 낯선 괴물이 너랑 네 자식들 사이에 있으면 **너도 미칠 것 같지** 않아? 엄마 곰의 분노는 엄청나게 무섭다고!

곰의 공격

 자다샤가 곰이 공격 안 할 거라고 했던 거 기억나? 음... 그게 사실 가끔은 공격할 때도 있어. 인생이 다 그렇지 뭐. 더 골치 아픈 건 곰 종류마다 대처법이 다르다는 거야. 스카이림엔 엄청나게 많은 종류의 곰들이 살아. 동굴 곰도 있고, 백곰도 있지만, 여기선 제일 흔한 불곰이랑 흑곰 얘기만 할게!

불곰

 곰의 털이 갈색이야? 그럼 죽은 척하는 게 최고야! 배를 깔고 엎드려서 손으로 목을 가리고, 다리는 벌려서 곰이 널 뒤집지 못하게 해. 곰이 가버릴 때까지 그대로 있어야 해. 자다샤도 이렇게 살아남은 적이 있어... 물론 바지는 버렸지만!

 만약 그래도 계속 공격하려 하면? 싸워야지! 뭐든 손에 잡히는 걸로 곰 얼굴을 때려. 눈이랑 코가 특히 약하니까 거기를 노려. 주변에 아무것도 없으면? 발톱을 써! 발톱이 없는 녀석들은 주먹이라도 써야지. 이때만큼은 정말 카짓으로 태어나길 잘했다고 생각했어.

 참고로 말하는데, 불곰을 '갈색 곰'이라고도 부르는데 실제로는 갈색이 아닌 것도 있대. 좀 헷갈리지? 근데 이건 이 카짓이 정한 게 아냐. 불곰은 항상 흑곰보다 크고, 등 위에 혹처럼 보이는 근육 덩어리가 있어.

흑곰

 만약 흑곰을 만났어? 집이나 마차같은 안전한 곳을 찾아! 흑곰은 불곰보다 덜 공격적이긴 하지만... 그래도 방심은 금물이야. 곰은 곰이라고! 싸워야 한다면 불곰이랑 똑같이 해. 막대기든, 발톱이든, 주먹이든 뭐든 써서 얼굴을 공격해!

결론

 스카이림에는 정말 재밌는 게 많아. 숨이 멎을 것 같은 아름다운 경치에, 달콤한 벌꿀주에, 먹고 싶은 만큼 먹을 수 있는 절인 생선도 있지! 하지만 산꼭대기나 어두운 동굴 안, 깊은 숲 속엔 위험도 가득해.

 이 카짓의 조언을 잘 따르면 살아남을 수 있을 거야. 안 따르면? 음... 적어도 이 책 환불은 요청하지 않겠지? 죽은 사람은 환불을 못 하니까! 농담이야! 이 카짓은 그냥 네가 이 멋진 스카이림의 모든 것을 오래오래 즐기길 바랄 뿐이야.

 아! 그리고 마지막으로 하나만 더. 이 카짓은 절대로 환불 안 해준다고! 이건 진담이야!

해머펠

해머펠에 간다고? 좋은 선택이야! 다양성이 넘치는 기회의 땅이지! 해안가를 따라선 부유한 도시들이랑 푸르고 무성한 반탄 정글이 펼쳐져 있어.

시장에선 이국적인 향신료 냄새가 코를 간질이고, 항구엔 온갖 나라의 배들이 정박해있지. 하지만 동쪽으로 가면? 하하! 거기엔 뜨거운 입김을 내뿜는 알리키어 사막이랑 달빛 아래 칼날처럼 번뜩이는 크래글론의 바위들이 널 기다리고 있을 거야. 북쪽엔 구름을 찌르는 드래곤테일 산맥이 있는데, 그 봉우리들은 정말... 탐리엘의 지붕이라는 별명을 단번에 이해할 수 있을 거야.

해머펠의 대부분은 자부심 강한 레드가드들이 다스리고 있어. 많은 레드가드들이 해안가의 도시에서 살면서 무역과 항해를 즐기지. 하지만 해안의 항구들은 밀수꾼이랑 해적들의 은신처이기도 해! 더 거친 내륙으로 들어가면? 별들 아래서 살아가는 용감한 유목민이랑 대지를 일구는 강인한 농부들을 만날 수 있어. 그리고 어디를 가든 검술 실력 하나는 끝내주는 전사들이 있지. 레드가드들은 자신들의 전투 실력을 엄청나게 자랑스러워하거든!

해머펠을 여행하는 건 절대 안전하지 않아. 이 땅을 건너려면 알리키어 사막의 불타는 듯한 열기랑 싸워야 하고, 바닷길로 가면 폭풍우, 거센 파도, 자비 없는 해적들이랑 맞닥뜨릴 거야. 하지만 걱정 마! 자다샤의 안내서가 있잖아? 그런 위험들을 어떻게 피하는지 다 알려줄게! 자, 이제 진짜 모험을 시작해볼까?

더위 극복하기

어이, 여행자! 알리키어 사막으로 간다고? 이 카짓은 엘스웨어의 뜨거운 모래에서 자랐지만, 알리키어는 완전 다른 차원의 괴물이야! 이 사막의 열기는... 흠, 이 카짓의 시어머니보다도 더 끔찍했어(이건 농담이 아니야!) 진짜 대단하다고! 한낮의 태양은 네 정수리를 직접 구워버릴 기세고, 그늘은 마치 신기루처럼 찾기 힘들어. 그러니까 제대로 준비해야 한다고!

아까도 말했지만, 마법사들은 우리 같은 평범한 녀석들처럼 걱정할 필요 없어. 바람, 비, 얼음 마법으로 시원하게 지낼 수 있고 물도 만들어 낼 수 있으니까! 하지만 그런 능력이 없는 우리는? 일반적인 방법으로 버텨내야 해.

예방이 최선의 방법

이 카짓이 항상 하는 말이 있어. 예방이 치료보다 낫다고! 특히 이런 덥고 혹독한 환경에선 미리미리 준비해야 해. 옷이랑 물, 어디로 갈지... 이런 게 죽고 살고의 차이를 만든다니까!

시원한 옷을 입어

재미있는 건 많은 여행자들이 자신의 신분이나 부를 과시하겠다고 옷차림에 무지 신경 쓴다는 거야. 무거운 양모 옷에, 값비싼 모피를 둘러메고, 심지어는 사슬 갑옷까지! 하! 그런 건 전부 짐 속에 처박아두고, 우리 카짓들을 본받아. 밝은색의 가벼운 옷이 훨씬 현명한 선택이지! 이 사막에선 태양과 네 몸 사이에 옷이 적을수록 좋아. 다만 이 카짓처럼 멋진 털가죽이 없는 불쌍한 녀석들은 햇볕에 타는 것도 조심해야 해. 오늘은 괜찮다고 방심했다간 내일은 온몸이 불덩이가 될 테니까!

물을 충분히 마셔 (럼은 안 돼!)

이 몸이 아는... 아니, 알았던 상인들 중에 물 없이 사막에 무모하게 뛰어든 바보들이 한둘이 아니야. 안타깝게도 다들 목적지는 커녕 중간에서 고양이 미라가 되어 버렸어. 특히 털 없는 종족들은 더위를 만나면 땀을 폭포수처럼 쏟아내. 더울수록 땀은 더 나오고, 그만큼 몸속 물은 바닥을 향해 달리지. 잃은 만큼 채워넣어야 해. 절대로 럼이나 벌꿀주 같은 술로는 안 돼. 오직 물로만!

사막 여행엔 물주머니가 목숨줄이야. 영리한 여행자라면 두 개의 물주머니를 챙기지. 작은 건 허리에 차고 다니고, 큰 건 낙타나 말 안장에 단단히 매다는 거야. 물론 통도 쓸

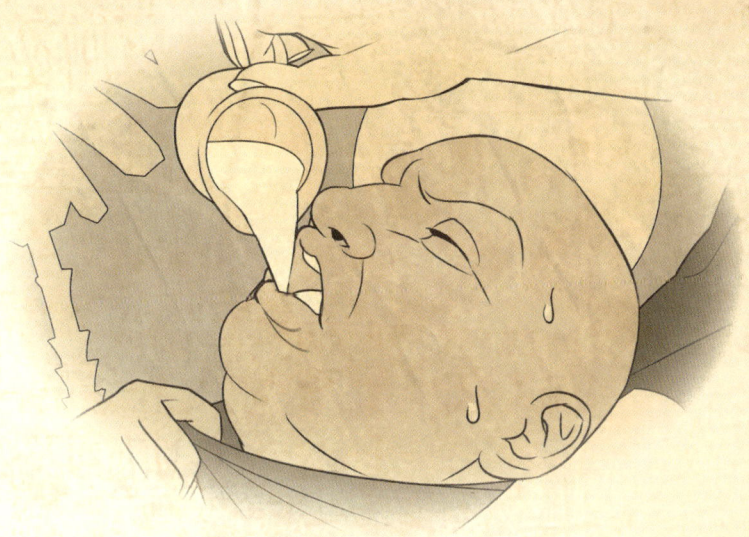

수야 있겠지만, 이 살인적인 더위와 건조한 공기는 순식간에 네 물을 증발시켜버릴 거야.

해머펠에 오기 전에 물을 못 준비했다고? 걱정 마! 대부분의 마을이나 도시에선 물장수들이 널려있어. 기회가 될 때마다 실컷 사둬. 그리고 제발 가격 보고 깜짝 놀라서 사기꾼이니 뭐니 하면서 투덜대지 말라고! 레드가드들은 평생을 물 한 방울이 금보다 비싼 이 사막에서 살아남는 법을 연구해왔으니, 그만한 값은 당연한 거야.

미리 그늘을 찾아둬

알리키어 사막이 그늘이 풍부한 건 아니지만, 눈 밝은 자는 찾을 수 있지. 툭 튀어나온 바위더미나 고대의 유적, 운이 좋다면 외로이 서 있는 야자수도 소중한 그늘을 선물해주니까. 그런 장소들을 지도에 꼼꼼히 표시해두고 그 사이사이로 이동하는 게 좋아. 조금 돌아가는 것 같더라도, 그늘에서의 짧은 휴식이 네가 목적지에 도착할지, 아니면 조상님들을 만나러 갈지를 결정할 거야.

더위로 인한 질병

자, 이제 준비 얘기는 충분히 했으니 진짜 중요한 치료 얘기를 해볼까? 더위한테 한 방 맞았을 때 어떻게 대처해야 하는지 말이야! 물론 이 카짓도 회복 마법을 추천하고 싶지만... 하하! 네 동료들이 전부 대마법사라면 이런 안내서는 읽고 있을 리도 없겠지? (으... 마법사들만 있는 세상이라니, 생각만 해도 털이 쭈뼛!) 걱정 마, 우리처럼 마법 하나 못 쓰는 평범한 녀석들도 이 지긋지긋한 더위와 싸울 방법이 있으니까!

열경련

거대한 오시머 전사도 무릎 꿇게 만드는 게 바로 이 열경련이야. 특히 땀을 폭포수처럼 쏟아내는 종족들은 더위에 더 취약하지. 길을 걷거나, 바위를 기어오르거나, 힘든 노동을 할 때 특히 조심해야 해. 땀으로 수분과 소금을 잃다 보면 근육이 마음대로 움직이지 않고, 경련이 일어나고, 팔다리가 꼬이기까지 하지.

열경련이 찾아왔다면? 우선 모든 걸 멈추고 쉬어! 짭짤한 음식을 먹고 물을 실컷 마셔. 대부분은 이 정도면 괜찮아질 거야. 하지만 경련이 계속된다면? 이건 더 심각한 열탈진의 전조일 수 있다고!

열탈진

열탈진, 우리 말로 하면 '더위 먹음'인데, 초기엔 다른 병으로 착각하기 쉬워. 열경련처럼 이것도 과다한 발한으로 몸속 수분과 소금이 바닥나서 생기는 거야. 특히 나이 든 여행자나 허약한 사람들이 쉽게 당하지. 이런 증상들을 보인다면 100% 열탈진이야.

무력감	극심한 갈증
두통	심한 발한
어지러움	짜증
메스꺼움	발열

열탈진이 왔다면 한시가 급해! 당장 그늘을 찾아 쉬고 시원한 물을 들이켜! 옷은 최대한 벗어제껴. 특히 신발은 꼭 벗어야 해! 시원한 물에 적신 천으로 머리와 얼굴, 목을 식히고, 토할 것 같아도 이를 악물고 차가운 물을 마셔대야 해.

열탈진이 의심되면 가능한 한 빨리 치유사한테 가! 가까운 마을이나 도시로 가서... 섭팀이 충분하길 빌어야지!

열사병

자, 이제 더위가 가져다주는 최악의 선물, 열사병 얘기를 해볼까? 이건 몸이 온도 조절 능력을 완전히 상실해서 체온이 폭주하는 거야. 평생 불구가 되거나 최악의 경우엔 죽음까지 이를 수 있어! 스텐다르께 아무리 기도해도 막아주지 못하는 위험이라고! 항상 경계를 늦추지 말아야 해.

너나 네 동료가 열사병의 징후를 보인다면? 단 1초도 지체하면 안 돼! 더운 날 여행할 때는 이런 증상들을 머리에 새겨둬.

건조하고 뜨거운 피부 또는 심한 발한
혼란, 말이 어눌해짐, 이상한 감정 표현
의식 상실
발작
극도의 체온 상승

열사병에 걸린 사람은 최대한 빨리 치유사한테 데려가야 해. 그동안 할 수 있는 모든 방법으로 식혀줘야 해! 그늘로 데려가고, 물을 먹이고, 옷은 최대한 벗기고. 차가운 물에 적신 천으로 머리, 목, 겨드랑이, 사타구니를 식혀. 가능하면 옷도 차가운 물에 적셔! 체온 떨어뜨리는 건 뭐든 해야 한다고!

항해

일리약 만을 따라 항해하는 게 낭만적으로 보이지? 하! 그런 생각은 집어치워. 바다는 네 상상 이상으로 위험천만하다고! 먼저 분명히 해둘 게 있는데, 이 카짓은 수많은 여행을 했지만, 전문 선원은 아니야. 매듭을 묶는 법이나 돛을 조종하는 법 같은 건 기대하지 말라고. 이건 배를 모는 법을 가르쳐주는 게 아니라, 똑똑한 승객으로 살아남는 법을 알려주는 거니까!

아, 그리고 미리 말해두자면, 마오머너 슬로드너 바다뱀이니 하는 괴물들은 여기서 다루지 않을 거야. 그런 무시무시한 것들은 전사들이나 마법사들한테 맡기는 게 현명하지. 너도 이 카짓처럼 평범한 여행자라면? 배가 공격받을 땐 싸움이 끝날 때까지 쥐처럼 조용히 숨어있는 게 상책이야!

위험한 날씨

폭풍은 땅에서도 무섭지만, 바다에선 더 끔찍해! 폭풍과 태풍, 거센 돌풍은 순식간에 배를 바다 밑바닥으로 보내고 선원들을 물고기 밥으로 만들어버릴 수 있어. 자, 어떤 위험이 있고 어떻게 살아남을 수 있는지 잘 들어봐.

배를 무겁게 해

폭풍이 만드는 파도는 달까지 닿을 것 같이 높아! 그런 파도를 만나면 배가 뒤집힐 수 있고, 뒤집히면? 가라앉지! 가라앉으면? 죽는 거야! 하지만, 스쿠마를 마시고 모랫바닥에 구르는 취한 카짓처럼 무거운 배는 그렇게 쉽게 구르지 않아.

배 아래에 짐을 가득 실으면 뒤집히는 걸 어느 정도 막을 수 있어. 네가 그런 짐이 없다면? 선장이랑 얘기해봐. 빈 배는 위험하다고!

배에 남아있고 무엇이든 붙잡아

승객이라면 보통 폭풍이 올 때 선실에서 편히 쉴 수 있겠지. 하지만 급할 땐 갑판으로 불려 나가 도움을 요청받을 수도 있어. 쏟아지는 비와 거센 파도 속에서 차라리 바다에 뛰어드는 게 안전해 보일 수도 있겠지만, 그런 생각은 아예 접어! 폭풍 속에서 바다에 빠진 선원은? 죽은 선원이나 다름없다고! 어떤 사람들은 밧줄로 자기 몸을 묶기도 하는데, 배가 가라앉기 시작하면 그 밧줄이 오히려 올가미가 될 수 있어. 무슨 일이 있어도 갑판을 떠나지 마. 네 목숨이 달린 일이라고, 여행자!

항해를 계속해

자다샤가 만난 사람들 중엔 폭풍을 보고 울면서 선장한테 돌아가자고 애원하거나 닻을 내리자고 빌던 겁쟁이들이 있었어. 하지만 실력 있는 선장은 그런 소리는 귓등으로도 안 들어. 폭풍은 피할 수도 없고, 기다린다고 해결될 일도 아니니까! 배다가 배를 멈추면 파도가 배를 들어 올릴 수도 있는데, 이건 배의 뼈대를 부러뜨리는 것과 다름없어. 배가 조각날 수도 있다고!

제일 좋은 건 파도를 정면으로 부딪치는 거야. 배의 앞부분은 중간이나 뒷부분보다 훨씬 튼튼하거든! 이러면 배가 덜 망가지고 물도 덜 들어와. 또 배를 더 잘 조종할 수도 있지. 근데 이건 선장이 알아서 할 거니까 네가 신경 쓸 필요는 없을 거야.

육지는 피해

폭풍 속에선 육지가 안전해 보일 수 있지만, 그것도 위험해! 배를 정박하려다 강한 바람이 배를 암초나 해안가에 박아버려서 배가 부서질 수도 있거든. 아무리 육지가 가깝다고 해도 폭풍 속에서 가라앉는 배에서 탈출하는 건 절대 쉽지 않을걸?

선상 질병

이 좁고 답답한 배 안에서는 병이 마치 건기의 들불처럼 순식간에 퍼진다고! 그래서 초기 대응이 생사를 가를 수 있어. 배에 선의가 있다면 더할 나위 없이 좋겠지만... 치유사조차 없다고? 그렇다면 병의 모든 징후를 송곳니처럼 날카롭게 살피는 수밖에!

뱃멀미

처음 배를 타는 녀석들은 대부분 구역질을 하게 돼. 배가 파도 때문에 술 취한 아르고니안처럼 휘청거리니까 그렇지. 목숨을 앗아가진 않지만(대부분은!), 짧디짧은 여행도 영원한 고문으로 만들 수 있어. 이런 증상들이 나타나면 뱃멀미가 시작된 거야

피로	구토
짜증	두통
식은땀	창백한 피부
메스꺼움	빠른 호흡

이 카짓의 사촌 얘기를 들려줄까? 그 녀석, 뱃멀미 때문에 선원 생활을 일주일도 못 버텼어. 첫날부터 토하기 시작했는데, 이미 항구를 떠난 뒤라 돌아갈 수도 없었지. 3주 동안 계속 토하면서 키나레스께 자비를 베풀어달라고 매달렸대. 결국, 지금은 마구간이나 치우고 있다니까! 만약 그 둔한 발톱이 이 안내서를 읽었더라면, 뱃멀미 정도는 견뎌낼 수 있었을 텐데!

- **잘 먹어야 해**

멀미난다고 굶는 건 아르고니안의 꼬리를 자르는 것만큼 멍청한 짓이야. 물은 실컷 마시되, 기름진 음식은 피해. 술이랑 달콤한 문-슈가도 멀리해. 네 위장이 고맙다고 할 거야.

- **갑판 위에 머물러**

낮에는 최대한 갑판에서 지내. 신선한 바닷바람이 네 구원자가 될 거야.

- **멀리 바라봐**

저 멀리 수평선을 뚫어지게 쳐다봐. 왜 효과가 있는지는 이 카짓도 모르지만, 마법처럼 효과가 있다고!

- **충분히 쉬어**

갑판에 없을 땐 누워서 눈을 감아. 잠들 수 있다면 더할 나위 없지. 그러면 이 고통의 시간이 조금이라도 빨리 지나갈 테니까

네가 이 카짓의 조언을 듣고 실천할 만큼 영리하더라도, 모든 사람이 뱃멀미를 이겨낼 수 있는 건 아니야. 그러니 첫 항해는 반드시 짧게 시작하라고. 이 카짓의 불쌍한 사촌처럼 몇 주 동안 바다 위의 감옥에 갇히고 싶진 않을 거 아니야!

괴혈병

이건 다른 병들이랑은 좀 달라. 전염되거나 퍼지는 게 아니라, 건강한 음식, 특히 신선한 과일이랑 채소를 못 먹어서 생기는 거야. 긴 항해에선 영양 가득한 음식보다는 오래 보관할 수 있는 것들만 싣다 보니 이 병이 자주 찾아온다고.

괴혈병은 서서히 찾아와. 처음엔 허약해지고, 무기력해지고, 별것도 아닌 일에 짜증 나고, 구름 낀 하늘처럼 우울해져. 그러다 관절이랑 다리가 쑤시기 시작하고, 잇몸에서 피가 나고 부어올라. 피부엔 마치 작은 달처럼 빨간색이나 푸른색 반점이 생기는데, 특히 정강이에 많이 생기지. 멍도 마치 종이에 잉크가 번지듯 쉽게 들어. 심해지면 영원한 잠에 들 수도 있어.

유일한 치료법은 제대로 된 음식뿐이야. 항해 떠나기 전에 식량 잘 챙겼는지 꼭 확인하라고! 특히 신맛 나는 과일이 이 병을 막는 데는 최고라니까. 이 카짓이 한 가지 조언을 더 해줄까? 긴 항해를 앞두고 있다면 레몬이나 라임을 잔뜩 사둬. 비싸긴 하지만, 목숨값으로 치면 싸지!

바다에 빠졌을 때

바다 여행이 왜 그렇게 위험하냐고? 생각해보면 아주 간단해. 네 주변 전부가 바다로 둘러싸여 있으니까! 폭풍에 휩쓸릴 수도 있고... 아니면 유산을 노리는 질투심 많은 조카한테 등 떠밀릴 수도 있지. 이유가 뭐가 됐든, 물에 빠질 상황을 미리 대비하는 게 현명한 여행자의 자세라고!

물에 빠져 죽지 않는 방법

• 수영은 미리 배우기
당연한 말 같지? 하지만 이걸 무시하다가 침몰하는 배에서 헤엄도 못 치고 가라앉는 바보들이 얼마나 많은지 몰라. 배에 올라타기 전에 수영부터 배워두라고!

• 술은 금물!
이 까짓도 긴 항해를 많이 해봤어. 처음 며칠은 신이 나겠지만, 그다음부터는 술 마시는 것 말고는 시간 죽일 게 없다는 걸 인정해. 하지만 취해서 갑판 위에서 휘청거리다간? 그게 마지막 순간이 될 수 있어.

• 동료를 가까이하고 밧줄은 더 가까이
누군가 곁에 있으면 네가 물에 빠진 걸 빨리 발견할 수 있지. 게다가 사다리나 밧줄이 있다면 구조될 가능성이 훨씬 높아져.

• 침착함을 유지해
당황해서 마구잡이로 팔다리를 휘저으며 살려달라고 소리 지르면? 오히려 더 빨리 가라앉는다고! 침착하게 있고 이성적으로 생각하려 노력해.

• 물에 뜰 순 있잖아?
수영을 못해도 물에 뜨는 건 가능해! 등을 대고 누워서 코와 입만 물 위로 내밀어. 몸에 힘을 빼고 침착하게 있으면 생각보다 훨씬 쉬울 거야.

• 도움을 요청해
주변에 아무도 안 보여도 절대 포기하지 마. 갑판엔 항상 누군가 있기 마련이야. 네 비명이 그들 귀에 닿길 기도하면서, 있는 힘껏 소리쳐!

물속의 상어

바다에는 정말로, 정말로 무시무시한 것들이 우글거려! 바다뱀, 크라켄, 슬로드... 생각만 해도 등골이 오싹하지 않아? 이런 괴물들을 만난다면? 미안하지만 이 까짓의 지혜로도 널 구할 방법이 없어, 여행자! 하지만 상어라면? 음... 상어는 어떻게든 해볼 수 있지!

• 침착함을 유지해
말처럼 쉽진 않은 거 알아, 근데 꼭 해야 해! 상어는 물장구치는 움직임에 특히나 관심을 보인다고.

• 눈을 마주쳐!
상어는 뒤에서 공격하는 걸 좋아하거든. 그러니까 그럴 틈을 주지 마! 계속 쳐다보면 망설이게 될 거야.

• 천천히 뒤로 물러나
가능하면 네가 떨어진 배 쪽으로 움직여. 갑작스러운 동작은 절대 금물이야!

• 눈과 아가미를 공격해
상어가 덤벼들면? 눈과 아가미를 집중적으로 공격해! 이 부위들은 특히나 민감하거든. 운이 좋다면 그 바다의 야수를 물리칠 수 있을지도 몰라.

바다에서 표류할 때

네가 탔던 배가 가라앉았는데 운 좋게 구명정에 탔어? 생각이란 게 있다면 물이랑 먹을 걸 가져왔겠지! 급해서 못 가져왔다면...음...뭐라고 하진 않을게. 대신 이런 극한의 상황에서 살아남는 법을 알려주지!

- **시원함을 유지해**

아까 말했듯이 태양은 이제 네 적이야. 시원하게 있는 게 제일 중요해! 그늘을 만들 수 있으면 만들어서 있고, 최대한 수분을 잃지 않도록 해. 땀을 흘리지 않도록 하라는 소리야. 너나 동료가 열피로나 열사병에 걸리면? 아까 배운 대로 하면 돼!

- **수분을 보충해**

갈증은 배고픔보다 더 빨리 널 죽일 거야. 아마 이게 네가 죽을 가장 큰 이유가 될 수도 있어. 사방이 물인데 무슨 걱정이냐고? 바닷물은 절대 마시지 마. 소금 때문에 더 목마르고 더 빨리 죽을 거야.

- **정신줄 꽉 잡아**

망망대해에서 표류한다는건 정신적으로도 엄청난 고통이야. 그런 시련이 네 정신을 시험하겠지. 다른 사람들이랑 같이 탈출했다면? 이야기하면서 시간도 보내고 현실도 잊어보자고. 미래에 대한 희망이랑 구조됐을 때 뭘 할지 얘기해봐!

- **모든 희망이 사라진 것은 아니라는 것을 기억해**

마지막으로 한가지 희망적인 말을 해주자면 바다에서 표류하는 구명정이라도 해류만 잘 타면 하루에도 엄청 멀리 갈 수 있어. 다른 배가 널 찾을 수도 있고, 육지에 도착할 수도 있다고! 그러니까 끝까지 희망을 잃지 말고, 살도록 노력해

상처 관리

레드가드들은 전사로 유명하지만, 의술도 대단해! 아마 많이 싸워보고 다쳐봐서 치료하는 법도 잘 알게 된 거겠지? 이들의 지혜는 마법적인 회복술뿐만 아니라, 우리 같은 평범한 사람들도 쓸 수 있는 방법도 있어. 물론 모든 걸 고칠 수 있는 치유사가 옆에 있으면 최고겠지만, 대부분의 사람들은 그렇게 운이 좋진 않잖아? 그래서 이 카짓이 해머펠에서 배운 귀중한 지식을 나눠줄게.

미리 말해두는데, 심각한 상처는 무조건 치유사한테 가봐야 해. 특히 감염됐거나 엄청나게 아프다면 더더욱! 회복 마법이 네 지갑을 비우게 되겠지만, 목숨을 구할 수 있는 확실한 방법이라고!

상처 청소

작은 상처도 제대로 안 보살피면 큰일 날 수 있어. 감염을 막으려면 먼저 일단 상처를 깨끗이 씻고 붕대로 감아야 해. 아래 방법을 상세히 적어 뒀으니 꼭 기억해 둬!

• 먼저 손을 씻어
상처가 이미 더럽다고? 그래도 더러운 손가락으로 더 망치진 말자고. 깨끗한 물로 손부터 씻어!

• 압박을 가해서 지혈해
피가 멈추지 않는다고? 상처 부위를 압박하면 피가 멈출 거야. 깨끗한 천으로 하는 게 좋아

• 상처를 소독해
피가 멈추면 물이랑 비누로 씻을 차례야. 핀셋(아니면 깨끗한 손가락)으로 큰 이물질을 빼내. 상처가 깨끗해지면 깨끗한 천으로 톡톡 두드려서 말려.

• 연고를 발라
치유 연고가 있으면 발라. 연고마다 사용법이 다르니 치유사가 알려준 내용이 있다면 그대로 따라!

• 상처를 붕대로 감아
붕대를 감기 전에 상처를 완전히 말려. 이것도 좀 기술이 필요한데, 이따가 더 자세히 알려줄게.

• 반복해
마법으로 치료한 게 아니라면, 상처가 하룻밤 새 마법처럼 나을 리가 없잖아? 이런 평범한 방법으로 치료를 하는 거라면 나을 때까지 이 과정을 계속 반복해야 해.

감염 징후를 알아차리는 방법

아무리 상처를 깨끗하게 유지하더라도 감염될 수 있어. 계속 씻고 연고를 바르면 나을 수도 있지만, 1~2일 넘게도 나을 기미가 안 보인다면? 아니면 오히려 나빠진다면? 치유사한테 가봐야 해. 이런 증상들이 나타나는지 잘 봐.

메스꺼움과 구토
통증, 발열 및 오한
상처에서 나는 불쾌한 냄새
노란색 또는 녹색 삼출물
상처 주변의 발열 또는 홍반성 선조

상처에 붕대 감기

아무리 깨끗한 상처라도 엉터리로 붕대를 감으면 순식간에 감염된다고! 붕대는 하루에 한 번은 꼭 갈아줘야 하고, 젖거나 더러워지면 즉시 교체해. 당연히 붕대도 깨끗한 걸 써야 해!

붕대를 감기 전에는 상처부터 깨끗이 씻어야 해. 아까 위에서 설명한 방법 잊지 않았지? 안 읽어봤다면 당장 뒤로 가서 읽어보라고!

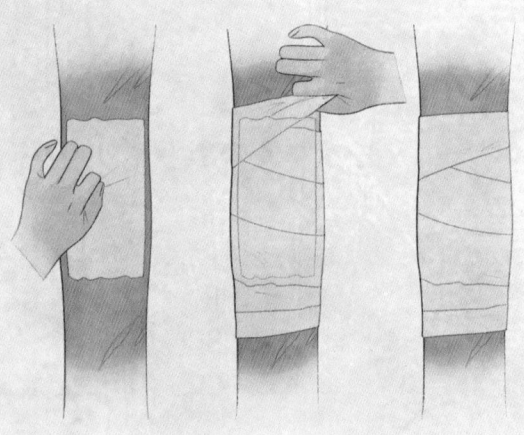

- **드레싱 패드를 사용해**
드레싱 패드는 상처 바로 위에 올리는 두꺼운 거즈 패드야. 피도 멈추게 하고 상처도 보호해 줄 거야. 상처가 나으면서 나오는 진물과 피도 흡수해 줄 거고. 드레싱 패드는 상처보다 더 커야 하는 거 잊지 마!

- **붕대를 감아**
붕대를 드레싱 패드 위에 놓고, 패드 양쪽으로 긴 쪽이랑 짧은 쪽이 나오게 해. 짧은 쪽을 먼저 다친 부위에 한 번 둘러 감고, 묶을 수 있게 끝을 좀 남겨둬. 그다음에 긴 쪽을 완전히 감아서 드레싱 패드가 안 움직이게 고정해!

- **붕대를 묶어**
붕대의 긴 쪽이랑 짧은 쪽을 드레싱 패드 바로 위에서 묶어서 상처에 압박을 가해줘. 이러면 더 이상 피가 안 날 거야.

- **피가 잘 통하는지 확인해**
발톱(아니면 손톱)으로 상처 근처 피부를 몇 초 동안 피부가 확실히 하얘지도록 꾹 눌러봐. 색이 금방 안 돌아오면? 붕대가 너무 꽉 조인 거니까 좀 풀어주도록 해.

- **다시 반복해**
감염이 안 되게 하려면 붕대를 하루에 한 번은 갈아줘야 해. 그 외에도 활동하면서 더러워졌거나 거즈에 피가 배기 시작하면 바로 갈아주는 거 잊지 말고!

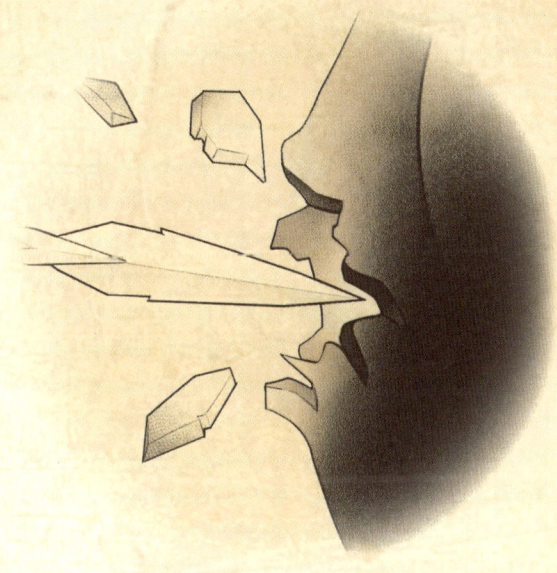

화살 제거하기

만약에 화살을 맞게 된다면, 실력 있는 치유사한테 부탁해서 빼내는 게 최고야. 엄청나게 아프고, 화살을 빼내고 나면 피가 엄청나게 나니까 제대로 처리해야 하거든. 근데 치유사가 없다고? 그럼 최선을 다해보자! 행운을 빌어!

화살촉은 보통 두 가지야. 갑옷을 뚫으려고 만든 좁고 뾰족한 갑옷 관통 화살이랑, 흔히 화살 하면 떠오르는 끝은 뾰족하고 밑이 넓은 삼각형 모양의 브로드 헤드 화살. 어떤 화살인지에 따라 빼내고 치료하는 방법이 완전 달라!

갑옷 관통 화살

이건 화살촉이 단검같이 좁고 뾰족해서 갑옷을 뚫게 만든 거야. 이런 건 그냥 직접 뽑을 수 있어. 근데 조심하는 거 잊지 마! 화살을 빼면 피가 엄청나게 나기 시작할 거야. 뽑자마자 압박하고 지혈할 준비를 해야 해. 그다음엔 당연히 상처를 씻고 붕대를 감아야 감염도 막지!

화살이 가슴이나 배, 목같이 약한 데 맞았어? 그럼 치유사를 찾을 때까지 그냥 두는 게 좋아. 아무런 준비도 없이 이런 데에 맞은 화살을 잘못 뽑았다가는 온몸에 피가 다 빠져서 죽을 수도 있으니까.

브로드헤드 화살

이건 완전 다른 괴물이야! 화살촉이 넓은 삼각형 모양이라서 무리해서 뽑으려면 하다간

더 다치게 될 수밖에 없어. 이상적으로는 치유사가 빼줘야 해. 특히 가슴이나 배, 목 같은 데 맞았으면 더더욱!

하지만 만약 이 화살이 팔다리에 박혔는데 치유사를 못 찾았다? 그럼 화살을 밀어서 반대쪽으로 완전히 관통시키는 방법이 더 좋을 수도 있어. 그다음에 화살촉을 자르고 화살대를 빼내는 거지. 엄청 아프고, 역시 이것도 치료해본 경험이 있는 사람에게 맡기는 게 좋아.

골절

이 카짓이 조카와 망각의 황무지를 따라 여행하던 중 있었던 일을 들려줄게. 잠깐 그 꼬마한테서 눈을 뗐더니 찢어지는 듯한 비명이 들리는 거야! 돌아보니 조카가 절벽에서 굴러 떨어져 팔을 붙잡고 울고 있더라고. 다행히도 이 카짓은 어떻게 해야 할지 알고 있었지!

여행하다 뼈가 부러지는 건 네 생각보다 더 자주 일어나. 특히 울퉁불퉁한 지형에서는 더더욱! 그리고 어린애들이나 늙은이들같이 약한 사람들한테 더 잘 일어나지. 일단 확실한 건 치유사한테 가보는 거지만, 그전에도 할 수 있는 게 많아.

- **다친 부위를 살펴봐**

팔다리가 멍들고 부어오르고 색이 변했어? 다행이야! 단순 골절이야. 하지만 뼈가 살을 뚫고 나왔거나 살 밑이 이상하게 변형됐어? 그럼 복합 골절이고, 빨리 치유사에게 가봐야 해.

- **뼈를 맞춰(방법을 안다면)**

제자리에서 벗어난 뼈는 다시 넣어야 해. 근데 이건 치유사나 훈련받은 사람만 해야 해! 잘못하면 도움이 되기보다 해가 더 크거든. 거기다 복합 골절은 피가 더 나서 죽을 수도 있어. 이런 방식으로 여행 끝내는건 좋은 방법은 아니지?

- **부목? 지혈대?**

단순 골절엔 무조건 부목! 피 많이 나는 복합 골절엔 지혈대! 간단하지?

- **부목 만드는 방법**

피가 나는 상처가 약간 있으면 먼저 씻고 붕대를 감아. 길고 단단한 거(나뭇가지 같은 거)를 팔다리 양쪽에 대. 가능하면 상처는 안 건드리는 게 좋아! 그리고 밧줄이나 끈, 천으로 감아. 근데 너무 꽉 매면 피가 안 통하니까 조심해. 아까 알려준 붕대 매는 법을 참고하면 좋아.

- **지혈대 만드는 방법**

이건 뼈가 살을 뚫고 나와서 피가 많이 나는 경우에만 해! 상처에서 손가락 하나 정도 위를 피가 덜 나게 단단히 묶어. 두꺼운 밧줄이나 끈, 천과 같이 묶을 수 있는 거면 뭐든지 좋아. 그리고 빨리 치유사한테 가!

결론

해머펠은 끝없는 사막부터 깊은 정글, 북적이는 항구 도시부터 위험한 고대 유적까지, 아름답고 신비로우면서도 치명적인 곳이야. 이런 위험을 알기에 이 안내서를 산 거겠지! 신중하게 계획을 세우고 필요한 물품을 잘 챙긴다면, 온전한 모습으로 해머펠을 탐험할 수 있을 거야.

물론... 검술 대가의 자존심을 건드리지만 않는다면 말이야! 그건 현명한 이 카짓도 도와줄 수 없다고!

엘스웨어

엘 스웨어의 모래를 걸으려고? 이 카짓은 네 선택을 이해해!

리퍼스 마치의 타오르는 태양 아래 달궈진 금빛 사바나부터, 토팔 만의 은빛 달빛이 반짝이며 비치는 물결까지… 아, 달이시여! 카짓의 고향보다 더 멋진 땅은 어디에도 없다니까! 경건한 마음이 절로 드는 달의 사원이나 야자수 그늘이 드리워진 열대 낙원, 혀끝을 녹이는 달사탕수수 벌꿀주 한 병을 찾고 있어? 그것도 이 카짓의 고향보다 더 좋은 곳은 없지!

북쪽으로 가면? 거친 바람이 휘몰아치는 황량한 황무지랑 메마른 평원으로 유명한 아네퀴나가 있어. 거기에 사는 카짓들은 살아남으려고 모든 걸 견뎌낸 강인한 전사들이지. 남쪽으로 가면, 에메랄드빛 정글이랑 은빛으로 반짝이는 강, 풍요로운 농지가 있는 펠리틴을 만날 수 있어. 거기 사는 운 좋은 녀석들은 북쪽에 사는 친척들보다 더 많은 걸 누리고 있어. 달콤한 과일부터 신선한 생선까지, 모든 게 훨씬 더 풍족하고 녹음도 가득하지! 하지만… 음, 이런 부자 동네는 산적이며 해적이며 도둑이며… 골치 아픈 것들도 많다고! 풍요로움이 있는 곳엔 항상 그걸 노리는 자들이 있는 법이지.

엘스웨어는 달의 축복을 받은 낙원과도 같은 곳이지만, 어두운 면도 조심해야 해. 이 카짓이 우리의 위대한 고향의 어두운 면에 대해서도 솔직하게 얘기해줄 거야. 교활한 납치꾼부터 재빠른 도둑까지, 그 사이에 일어나는 모든 것들… 걱정 마! 이제부터 이 카짓이 네 전용 안내인이 되어 모든 걸 알려주도록 하지!

도둑 주의!

엘스웨어의 도시를 여행하는 건 처음엔 재밌을 수 있어! 하늘을 찌르는 웅장한 건물들, 온갖 향신료 냄새로 가득한 시장, 입에서 녹는 달콤한 빵... 이보다 더 좋은 곳이 있을까 싶지? 하지만 멋진 골동품이나 예쁜 옷에 정신 팔려서 돈주머니를 확인해보니... 텅 비어 있다고? 축하해! 넌 방금 거리의 도둑들에게 환영인사를 받은 거야!

탐리엘 전역에 산적이며 도적이며 도둑놈들은 많지만, 카짓만큼 손재주가 좋은 족속은 없다고! 도둑 길드가 밀수의 천국인 아바의 상륙지에 자리 잡은 게 우연이겠어? 엘스웨어에 발을 들이는 순간, 네 주머니 속 모든 셉팀이 위험해진다고! 이 카짓의 고향을 방문했다가 알몸만 남기고 떠난 불쌍한 녀석들도 수두룩하지. 어떻게 하면 그런 비극을 피할 수 있냐고? 자, 이 현명한 카짓의 조언을 잘 들어봐!

셉팀 숨기기

사실 말이야, 소매치기들이 그렇게 대단한 건 아니야. 동전을 좀 독특한 곳에 숨기기만 해도 당할 확률이 확 줄어든다고! 도둑들의 날쌘 손이 닿지 못하는 곳이면 어디든 좋아. 이 카짓이 아는 영리한 여행자들은 벨트 안쪽, 모자 안감, 부츠 속, 심지어는... 으음, 속옷에도 숨겼다니까!

하지만 여기서 중요한 팁 하나! 그렇게 애써 숨겨둔 곳에서 매번 돈을 꺼내는 모습을 보이면? 그건 더 이상 비밀이 아니야! 주머니나 돈주머니같이 쉽게 접근할 수 있는 곳에는 적은 돈만 넣어둬. 물건을 살 때 도둑들이 봐도, 네 진짜 재산이 어디 있는지 모르게 하는 거지.

가짜 주머니

많은 여행자들이 귀중품을 항상 몸에 지니고 다닐 순 없지. 여관에 두고 나가야 할 때도 있는 법이야. 하지만 엘스웨어에선 여관방도 절대 안전하지 않아. 방을 비운 사이에 도둑맞을까 봐 걱정된다고?

이 카짓이 현명한 방법을 하나 알려줄게. 베개 밑에 작은 돈주머니를 미끼로 두는 거야. 도둑들은 대부분 기회주의자라 최대한 빨리 일을 끝내려 하거든. 방에 들어와서 돈주머니를 쉽게 발견하면, 안에 얼마 없더라도 더 뒤지지 않고 도망칠 가능성이 높아. 약간의 손해로 다른 귀중품들을 지킬 수 있다면 나쁘지 않잖아?

아, 그리고 하나 더! 진짜 안전한 보관을 원한다면 개인 금고나 은행을 이용해. 카짓이 도둑으로 유명해도, 카짓이 운영하는 은행은 안전하기로 소문났거든. 도둑의 심리는

도둑이 제일 잘 안다고, 은행가들 대부분이 전직 도둑이라는 게 안전의 비결일 수도… 아, 이건 비밀이야!

항상 경계해

셉팀을 숨기고 가짜 돈주머니로 속여도, 아예 피하는 게 최선인 상황도 많아. 밤에 어두운 골목을 걷거나 수상한 지역에 가는 건 스쿠마를 마시고 크라겐과 싸우겠다는 것만큼 위험한 짓이야. 칼을 든 카짓은 네 마지막 셉팀까지 다 뺏으려고 속옷까지 벗길 수도 있으니까! 도시의 어느 곳이 안전한지는 현지 카짓들에게 물어보는 게 상책이야.

의심스러운 상황은 항상 피해야 해. 누가 따라오는 것 같아? 즉시 사람 많은 곳으로 가거나 경비병을 찾아. 동료와 함께 다니고 절대 혼자 다니지 마. 그리고 제발, 정말 제발! 돈 자랑하거나 동전을 보여주는 건 자제해. 등에다 '털어주세요'라고 쓸 필요까지야 없잖아!

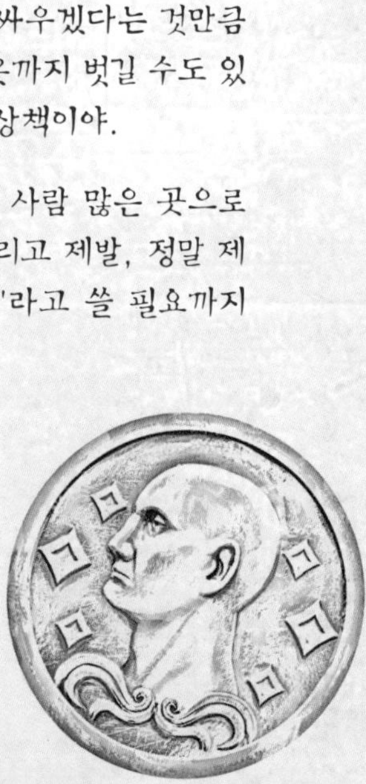

엘스웨어 49

납치에서 살아남기

엘스웨어에서는 네 돈만 조심해야 하는 게 아니야, 여행자! 널 납치하려는 녀석들도 조심해야 해. 붉은 손이나 핏빛 송곳니 도적단이 널 덮쳐 노예상에게 팔아넘기려 할 수도 있고, 유락시아 탄이 네가 뭔가를 알고 있다고 착각해서 군대를 보낼 수도 있지. 심지어 신월 교단이 널 어둠의 제물로 삼으려 할 수도 있어! 이 까짓이 하고 싶은 말은... 네 몸도 네 돈주머니만큼이나 쉽게 털릴 수 있다는 거야!

몸값을 노리든, 정보를 캐내려 하든, 노예로 팔아넘기려 하든 일단 잡히면 살아남을 방법은 있어. 하지만 제일 좋은 건? 당연히 안 잡히는 거지!

탈출하기

납치 시도의 징후가 보이면 즉시 도망쳐! 목청껏 소리 지르면서 주변에 도움을 요청하고, 사람 많은 곳으로 달려! 그런데도 계속 쫓아오고 잡힐 것 같아? 마지막 순간까지 온 힘을 다해 저항해!

전사도 마법사도 아닌 평범한 여행자한텐 자기방어가 쉽지 않겠지. 하지만 물고 할퀴는 것까지 포함해서 할 수 있는 건 다 해! 사타구니, 눈, 코, 목같이 약한 부위를 노려! 주변에 있는 건 뭐든 무기가 될 수 있어. 작은 물건은 던지고, 큰 물건은 방패처럼 써서 그들이 접근하지 못하게 해. 일단 잡히지만 않으면 돼. 도망칠 기회를 잡으려면 어떤 짓이라도 해야 해!

그런데도 잡혔다면? 이제 전략을 완전히 바꿔야 해...

붙잡힌 후에는 저항하지 마

널 납치한 자들은 이미 폭력을 쓸 준비가 되어있어. 때리고, 고문하고, 학대하는 걸 전혀 망설이지 않을 거야. 이때는 순순히 따르고 저항하지 마! 예의 바르게 굴고 시키는 대로 하는 게 상책이야. 몸부림치거나 도망가려 하지 마. 최대한 건강하게 있어야 기회가 왔을 때 탈출할 수 있어.

약을 먹으라고 하면? 그것도 순순히 따르는 게 좋아. 아마 널 조용히 다른 곳으로 옮기려는 거겠지. 거부해봤자 좋을 게 없어. 약으로 잠들거나 뒤통수 맞아서 기절하거나... 이 까짓이 뭐가 더 나은지 구구절절 설명하지 않아도 알겠지?

운 좋게 의식이 있는 채로 이동한다면? 주변을 샅샅이 관찰해! 눈을 가렸더라도 소리는 들을 수 있잖아. 얼마나 멀리 가는지, 어느 방향으로 가는지 기억해둬. 작은 정보 하나가 나중에 목숨을 구할 수도 있어.

살아남는 데 집중해

목적지에 도착하면 이제 살아남는 데 온 정신을 쏟아부어야 해. 탈출은 납치범이 널 절대 살려두지 않을 것 같을 때나 쓸 최후의 수단이라고.

1. 주변을 자세히 관찰해

주변의 모든 걸 자세히 보고 기억해. 어디에 갇혔는지, 납치범이 뭘 원하는지, 어떤 부류의 범죄자들인지, 그들 사이에 서열은 어떻게 되는지… 정보는 많이 알수록 좋아. 혹시라도 탈출에 성공한다면 이런 정보들이 범인을 잡는 데도 도움이 될 거야.

2. 무조건 복종해

반항은 곧 고통이야. 맞고, 굶고, 고문당할 수 있다고. 항상 침착하고 예의 바르게 굴면서 시키는 대로 해. 덜 다치고 좋은 대우를 받을수록 살아남을 확률도 높아져! 지금은 참고 나중을 노리는 거야.

3. 소통하려고 노력해

실용적인 면에서, 묻는 말에는 최대한 솔직하게 답해서 그들의 심기를 건드리지 마. 감정적인 연결고리를 만드는 것도 좋은 방법이야. 가족 이야기나 일상과 관련된 이야기를 해봐. 넌 그저 희생양이 아니라 살아있는 사람이라는 걸 느끼게 해줘. 그러면 동정심을 얻을 수도 있어.

하지만 거짓말이나 위선은 절대 금물이야! 종교나 정치 같은 민감한 주제는 피하고. 뭘 하든 진심을 담아서 네가 꾀를 부린다는 생각이 들지 않게 해.

담요나 음식, 물 같은 거 필요하면 최대한 공손하게 부탁해. 합리적이고 쉽게 줄 수 있을 만한 걸로! 다시 말하지만, 이건 네가 얼마나 순순히 따르고 예의 바른지, 그리고 납치범이 얼마나 인간적이고 동정심이 있는지에 달렸어. 네가 순종할수록 그들은 덜 가혹하게 대할 거야.

4. 참고 또 참아

섣부른 탈출 시도는 죽음으로 가는 지름길이야. 맞고, 고문당하고, 최악의 경우 목숨을 잃을 수도 있어. 구조될 가능성이 있다면, 도움이 올 때까지 참아. 탈출이 유일한 길이라면, 제대로 된 기회가 올 때까지 기다려. 어떤 경우든 긴 시간을 견뎌야 할 수도 있다는 걸 명심해.

납치범 몰래 조용히 운동하면서 체력도 기르고 정신도 맑게 유지하는 게 좋아. 명상이나 기도로 마음을 다스리는 것도 도움이 될 거야. 하지만 뭘 하든 조용히, 아주 조용히!

탈출하기 (가능하다면)

이미 말했지만, 탈출은 정말 최후의 수단이야. 납치범이 갑자기 밥을 안 주고 태도가 달라졌다면? 그건 널 죽이려는 신호일 수 있어. 아니면 노예상에게 팔아넘기려는 것일 수도 있고... 이럴 때만 목숨을 걸어볼 만해.

1. 다른 포로들과 함께해

다른 포로들이 있다면, 함께 계획을 세워. 물론 납치범이 눈치채지 못하게 극도로 조심스럽게! 최소한 탈출 신호로 쓸 암호 단어 정도는 정해두는 게 좋아.

2. 신중하게 행동해

지금까지 관찰한 모든 걸 활용해. 납치범들이 자리를 비우거나 깊이 잠들었을 때 같은 완벽한 타이밍을 노려. 최적의 탈출 경로도 미리 파악해두고. 가능하다면 다른 포로들과 함께 움직일 준비를 해.

2. 안전한 장소로 빨리 도망쳐

탈출에 성공하면 가장 가까운 마을이나 도시, 믿을 수 있는 사람을 찾아가. 권력자들에게 가서 일어난 일을 상세히 알려주고, 다친 데가 있다면 즉시 치유사를 찾아. 납치범의 손이 닿지 않는 안전한 곳인지 꼭 확인하는 것도 잊지 마.

구조되기 (더 좋아!)

구조되는 건 더 좋지만, 그래도 조심할 건 있어. 널 구하러 온 사람들이 널 위험한 사람으로 볼 수도 있거든. 그러니까 손을 머리에 얹고 바닥에 엎드려서 위험하지 않다는 걸 보여줘. 네가 인질이라고 말하고 하라는 대로 해.

폭포에서 떨어져도 살아남는 법

자다샤가 왜 이런 조언을 하는지 이상하지? 그런데 사나운 센치-캣이 널 쫓아오는데 뒤엔 깎아지른 절벽밖에 없다면? 근처 폭포가 그렇게 나쁜 선택은 아닐 수도 있어. 이 카짓을 믿어!

- **숨을 참아**
수면에 닿기 직전에 최대한 깊게 숨을 들이마셔.

- **다리는 아래로**
발을 폭포 쪽으로 향하게 해서 발부터 떨어져. 중요한 건 꽉 교차해서 붙이는 거야! 그리고 다리를 마치 화살처럼 곧게 뻗어서 물을 가르도록 해.

- **턱은 당기고 팔로 머리를 감싸**
턱은 가슴께로 바짝 당기고, 한쪽 팔은 입을 가리고 다른 팔은 머리를 보호해. 목이 꺾이는 걸 막을 수 있어.

- **온몸에 힘을 줘**
온몸의 모든 근육에 최대한 힘을 줘야 해. 그리고 잊지 마! 턱은 가슴으로! 팔로 머리 감싸고! 다리는 교차!

- **눈과 입을 감아**
이는 물에 닿을 때 물을 마시거나 눈을 다치는 걸 방지할 수 있어.

- **타이밍을 맞춰 헤엄쳐 나가**
수면 위로 올라오기 전에 폭포 아래를 벗어나야 해. 떨어지는 물이 엄청 세거든. 폭포 아래를 벗어나지 않고 너무 빨리 올라오면 물이 널 다시 밀어 넣을 수 있어!

마지막으로 한 마디 더...

이 모든 상황에서 가장 중요한 건 침착함이야. 공포에 휩싸여 이성을 잃으면 아무리 좋은 기술도 소용없어. 깊게 숨을 쉬고, 정신을 맑게 유지하고, 기회가 왔을 때 재빨리 행동하는 거야.

그리고 잊지 마, 여행자! 이 모든 지식이 네 목숨을 구할 수 있겠지만, 애초에 위험한 상황을 피하는 게 최고라는 걸. 수상한 기척이 느껴지면 본능을 믿고 그 자리를 피해. 이 카짓의 말을 기억해둬... 살아있는 겁쟁이가 죽은 영웅보다 낫다고!

모피혈통이란?

달에서 우리 카짓에게 선물하신 다양한 모습을 외지인들은 정말이지 이해하질 못해. 특히 우리의 신성한 모피혈통에 대해서는 더더욱! 그래서 가끔은 정말 웃지 못할 실수들이 벌어지곤 하지.

자다샤의 할머니 이야기 하나 들려줄까? 할머니가 리버홀드의 어느 화려한 결혼식에 참석하셨는데, 어떤 멍청한 노드 녀석이 할머니를 야생동물로 착각한 거야! 결혼식장이 순식간에 아수라장이 됐다니까. 신랑은 테이블 밑으로 쏙 들어가 숨었고, 신부는 웨딩케이크를 집어 던지고... 지금 생각해도 배꼽이 빠질 것 같다니까!

자, 이제 진지하게 설명해줄게. 우리 카짓은 '모피혈통'이라고 하는 열일곱 가지의 독특한 모습으로 태어날 수 있어. 이건 우리가 태어날 때 마스와 세쿤다... 아, 미안! 두 달의 위치에 따라 결정되는 거야. 우리에겐 정말 성스러운 거라고. 그냥 멋있어서가 아니라, 달에서 직접 선택하신 운명의 모습이니까!

이제부터 엘스웨어에서 볼 수 있는 모든 모피혈통에 대해 솔직하게 알려줄게. 자다샤의 친척들은 절대 이렇게 자세히 설명해주지 않을 텐데, 넌 운이 좋네! 우리가 관광객들을 골리는 건 일종의 즐거운 취미거든.

❈ 알피크와 알피크-랏

외지인들이 제일 많이 헷갈리는 혈통이야. 대부분 그냥 평범한 집 고양이로 착각하지. 네 발로 걷는 사족보행형 카짓인데다 몸집도 작아서 그래. ("사족보행"이란 건 네 발로 다닌다는 걸 멋지게 표현한 말이야. 리멘의 마법사 전당에서 배웠지. 그럴듯하지 않아?)

근데 알피크를 그냥 집 고양이로 보는 건 정말 큰 실수야. 이들은 카짓 중에서 최고의 마법사이자 현명한 학자들이거든! 책을 읽고 마법을 부리는 걸 보면 외지인들 얼굴이 하얘지는 게 정말 재밌어. 알피크인지 집 고양이인지 구별하기 어렵다고? 쉽게 알려줄게. 인사를 건네보고 대답하는지 보면 돼. 그리고 알피크는 대부분 근사한 옷을 입고 다닌다고!

알피크-랏은 알피크랑 비슷한데, 몸집이 좀 더 커. 근데 겉모습만 보고 알피크인지 알피크-랏인지 짐작하거나 추측하지는 마. 물어보지도 말고! 그냥 본인이 알려줄 때까지 기다리는 게 좋아. 특히 알피크-랏은 이거에 민감해. 자기들이 더 크다는 걸 자랑스러워하는데, 대놓고 말하면 발톱이 날아올지도 몰라!

❂ 케세이와 카세이-랏

자다샤는 케세이에 대해 잘 알아. 왜냐고? 이 몸이 케세이니까! 우리는 탐리엘의 다른 종족들이랑 비슷한 키를 가진 걸로 유명해. 우리 몸은 여러 색깔이랑 무늬를 가진 예쁜 털로 덮여있고, 송곳니는 길고 크며, 손발에는 날카로운 발톱이 있지.

우리의 사촌인 카세이-랏은 우리보다 좀 더 크고, 신체 능력이 뛰어나서 훌륭한 전사가 되는 걸로 유명해. 무려 무시무시한 늑대인간보다 빠르다고! 임페리얼들이 한때 카세이-랏을 '재규어 인간'이라고 불렀는데, 정말 바보 같은 이름이야. 카세이-랏은 재규어처럼 생기지도 않았고, 인간도 아니거든!

❂ 토제이와 토제이-랏

토제이와 토제이-랏은 우리 케세이랑 엄청 비슷해. 엘스웨어 남부의 습지랑 정글에서 살아. 더 할 말이 있는데... 이 카짓은 그건 말하지 않을래. 더 말하면 안 될 것 같아! 달에게서 용서치 않으실 거야!

❂ 서테이와 서테이-랏

서테이도 케세이랑 토제이랑 비슷한데, 다리의 모습이 더 야수 같아. 한 알트머 학자의 말에 따르면 이렇게 발가락으로 모래 위를 걷는 다리의 형태를 '역관절'이라고 한대. 이게 이들이 뛰어난 암살자와 도둑이 되는 이유 중 하나지!

이쯤이면 예상하겠지? 서테이-랏은 좀 더 커. 솔직히 이 카짓도 다른 그 외에 다른 차이점은 잘 모르는겠데, 확실한 건 상자 같은 작은 공간에 들어가기 더 힘들어하는 것 같아.

❂ 다기와 다기-랏

다기와 다기-랏은 알피크 다음으로 작은 카짓이야. 키만 빼면 케세이랑 많이 닮았어. 많은 애들이 텐마르 숲에 살면서 나무 위에 집을 짓는 걸 좋아하는 뛰어난 등반가야. 나뭇가지 사이 사이에 다기들의 마을이 있는데, 정말 아름답대. 달빛이 나뭇잎 사이로 스며들 때는 마치 별들이 춤추는 것 같다나 뭐라나. 이 카짓은 직접 가본 적은 없어. 아, 다기는 알피크처럼 마법도 잘 써!

다기-랏은 마찬가지로 다기보다 약간 더 크고, 그 사실을 꽤 자랑스럽게 생각해. 불행히도 이 차이는 모든 모피 혈통 중에서 가장 작아. 심지어 우리 카짓들조차도 그 차이를 알아차리기 힘들어해. 다기-랏은 이 사실을 철저하게 부정하고 있으니까 절대 이 말은 다기-랏한테 하지 마! 네 얼굴에 새로운 무늬를 그려줄지도 몰라.

❂ 옴즈와 옴즈-랏

많은 사람들이 이들을 우드 엘프, 즉 보스머로 착각해. 카짓 중에 유일하게 털이 없거든! 하지만 꼬리는 있어. 달이 가장 불쌍한 애들한테도 자비를 베푼다는 걸 보여주지! 옴즈들은 보스머로 오해받는 걸 너무 싫어해서 얼굴에 고양이 무늬를 그리거나 문신을 하는데, 이해가 가지?

다른 모든 모피 혈통과 마찬가지로, 옴즈-랏은 옴즈보다 털이 더 많고 덩치가 약간 더 커. 물론 '더 많다'는 게 '거의 없음'과 '완전 없음'의 차이라는 게 함정이지만!

❂ 파마와 파마-랏

파마는 서레이-랏보다도 더 크고, 보통 호위무사나 전사로 일해. 자다샤가 아는 파마는 여왕의 경호원이야. 한번은 암살자 셋을 동시에 때려눕혔다나 뭐라나!

예상했겠지만, 파마-랏은 더 크지! 대부분 생긴 게 센치-타이거랑 비슷한데, 화나면 두 배는 더 위험해! 파마-랏이 화나면 마을 전체가 조용해진다는 말이 있을 정도라니까.

❂ 센치와 센치-랏

무식한 외부인들은 이들을 알피크처럼 동물로 착각하지 카짓으로 보지 않아. 근데 센치는 알피크보다 훨~씬 커. 센치-랏은 제일 큰 모피 혈통이야. 센치-캣처럼 생겼고 네 발로 걸어. 앞다리는 두껍고 앞다리는 뒷다리보다 1.5배 더 길어!

전투할 때 센치랑 센치-랏은 가끔 다른 카짓이 등에 타는 걸 허락해. 근데 센치를 그냥 탈것이나 짐승 취급하면 큰일 나! 다른 카짓처럼 말하고, 읽고, 마법도 할 수 있거든. 외부인이 센치를 무시하면 그들의 인내심이 바닥날 거야!

❂ 메인

엘스웨어 전역에서 존경과 명예를 받으며, 언제든지 한 명의 메인만 존재할 수 있어. 조드랑 존이 하늘에 없는 암월일때 태어나지. 먼 옛날 조상 카짓들은 존경의 표시로 자신들의 갈기를 깎아서 메인에게 바쳤고, 메인은 그 털을 자기 머리에 땋는 전통이 있었데. 메인(mane)이라는 이름도 거기서 온 거야. 하지만 요즘에는 이게 불편해지니까 그냥 자기 부족이랑 전사 경호원의 머리카락을 엮은 장식으로 대체한다고 해.

만약 메인을 만나는 영광을 얻게 된다면 왕이나 여왕, 황제한테 하듯이 존경하게 대해! 축복받은 달의 힘으로 카짓을 이끄는 운명을 타고났기 때문이야.

결론

엘스웨어의 진정한 아름다움은 말로는 다 표현할 수가 없어. 눈으로 직접 봐야만 알 수 있는 거지! 고대의 역사와 전통이 살아 숨 쉬는 해안 도시들부터, 달빛 아래 은은하게 춤추는 달 사탕수수 농장이 펼쳐진 끝없는 초원까지. 매 순간이 새로운 발견으로 가득해.

이건 내 편견이 아니라 진심이야 - 탐리엘 어디를 가봐도 엘스웨어만한 곳은 없을 거야. 게다가 실용적인 면에서도 최고지. 대륙의 무역 중심지라서 장사꾼이라면 누구나 한 번쯤은 들르게 되는 곳이거든.

많은 여행자들이 우리 카짓의 고향을 찾아왔다가 그저 표면만 훑고 실망한 채로 떠나가. 하지만 넌 달라! 이 소중한 지혜가 담긴 책을 손에 들 만큼 현명했으니까. 이제 진정한 엘스웨어를 느낄 준비가 된 거야. 자, 이제 우리 카짓과 함께 뜨거운 모래를 밟으며 진짜 모험을 시작해보자!

블랙 마쉬

블랙 마쉬에 가고 싶다고? 이 카짓은 그런 생각을 하는 너의 용기가 놀랍다고 생각해. 아니, 어쩌면 그저 정신 나간 바보 같은 것일지도 모르겠네. 네가 비늘 달린 아르고니안이 아니라면 말이야.

　블랙 마쉬는 탐리엘에서 가장 험난한 곳과 비교해도 훨씬 더 끔찍하지. 독이 있는 식물에, 독을 뿜는 동물에, 살을 파먹는 벌레들까지! 어떤 이들은 뒤틀린 나뭇가지와 끝도 없이 펼쳐져 있는 이끼, 썩은 달걀 같은 냄새가 나는 늪에서 뭔가 색다른 아름다움을 찾는다는데… 흥! 자다샤는 그런 이상한 취미가 없다고!

　임페리얼들이 거창한 도시를 짓고 무역을 시도했지만, 얼마 못 가서 늪에 빠진 나무 조각처럼 썩어 문드러졌어. 대부분 사람들은 블랙 마쉬를 그저 노예 사냥터 정도로만 여기지. 다크 엘프들은 지금도 침략자 노릇을 하면서 아르고니안을 납치해서 농장으로 끌고 가. 아르고니안들이 외부인을 싫어하는 건 어쩌면 당연한 거지. (슬픈 얘기지만… 우리 카짓들도 같은 신세라는 걸 말해줘야겠어. 자다샤의 사촌도 그렇게 끌려갔었지. 다행히 도망쳐 나왔지만… 아직도 악몽을 꾼다더라고.)

　하지만, 아르고니안들과 이야기할 기회가 생긴다면, 녀석들은 꽤 재미있다는 걸 알게 될 거야. 자연과 깊은 연결이 있어서 수수께끼 같은 말을 하는 걸 좋아하지. 그들의 관습도 이상하고, 종교는 더더욱 이상해. 하지만 이 카짓이 보기엔 꽤 정직한 족속들이야. 그들의 수수께끼를 풀 수만 있다면 진실을 발견하게 될 거야.

진짜로 블랙 마쉬에 가기로 결심했어? 달이시여! 이 카짓의 책을 산 건 정말 탁월한 선택이야! 평생 이 몸을 은인으로 여기게 될걸? 아무리 준비를 잘하고 똑똑한 여행자라도 아르고니안들의 신비로운 영역에서 살아남기는 하늘의 달을 따기만큼이나 어렵거든.

늪지의 위험

블랙마쉬의 늪지는 비가 올 때마다 물에 잠기는 낮은 땅이야. 일 년 내내 대부분이 썩은 달걀 냄새나는 물속에 잠겨있어서 진흙과 온갖 더러운 것들로 가득하지. 네가 방금 산 그 반짝이는 새 신발은... 미안하지만 과감하게 포기하는 게 좋아! 여긴 임페리얼 시티의 포장된 도로 같은 건 찾아보기 힘들거든.

늪지 여행이 네 신발만 망가뜨리는 건 아니야. 자다샤가 직접 경험한 큰 위험들은 다 알려줄 테니 정신 바짝 차리고 잘 들어. 하지만 가능하다면 꼭 아르고니안 안내인이랑 같이 가. 이 늪지를 아르고니안보다 잘 아는 종족은 없다고!

발아래를 조심해

블랙 마쉬를 건널 때는 그냥 '더러운 물 좀 밟겠지' 하는 안일한 생각은 당장 버려! 매 발걸음마다 뭘 밟는지 네 목숨을 걸고 신경 써야 해! 잘못 디디면 발목이 꺾이거나 짐이 물에 빠지는 건 기본이고, 더 끔찍한 일도 일어날 수 있다고. 자다샤는 한번 그런 실수로 진흙 구덩이에 빠졌는데... 아직도 그때 잃어버린 셉팀이 생각난다니까!

제대로 된 장비

많은 아르고니안들은 맨발로 늪지를 누비고 다니지만, 우리 같은 외부인은 상상도 하지 마. 발목까지 완벽하게 감싸주는 튼튼한 방수 부츠는 필수야. 미끄럼 방지 밑창은 기본! 진흙이 자주 끼니까 수시로 닦아주는 것도 잊지 마.

늪지용 지팡이는 네 목숨을 구할 수도 있어. 보통은 한 쌍으로 파는데, 끝에 날카로운 쇠가 박혀있지. 미끄러운 진흙 길을 걸을 때 이만한 게 없어. 앞으로 나아갈 땐 한 지팡이는 꼭 땅에 단단히 박아둬야 해! 이건 자다샤가 늪지의 현명한 아르고니안 노인한테 배운 거야.

자세와 기술

늪지에서는 걷는 자세가 생존을 좌우해. 배에 살짝 힘을 주면 물렁거리는 땅에서도 중심을 잘 잡을 수 있어. (이 카짓이 듣기로는 외줄 타기 하는 사람들도 이렇게 한다더라고!) 특히 미끄러운 내리막길에서 아주 유용하지.

블랙 마쉬 63

목이랑 어깨는 최대한 편하게 풀어줘. 넘어질까 봐 겁먹고 어깨를 움츠리다 보면 오히려 더 위험해. 어깨랑 귀 사이를 넓게 펴고, 마치 알트머처럼 우아하게 걸어. 팔을 적당히 휘두르면 진흙 위에서 균형 잡는 데 도움이 되는데, 팔꿈치는 엉덩이 뒤로 너무 빼지 마. 특히 지팡이 쓸 때는 더더욱! 항상 앞쪽에 두는 게 좋아.

걷는 방법

블랙 마쉬의 늪지에서 걷는 법은 그냥 평범한 걸음걸이가 아니야. 너무 중요해서 이 카짓이 특별히 자세히 설명해줄게. 자다샤의 스승님도 이걸 제대로 가르쳐주시느라 일주일을 고생하셨다고!

늪지를 빨리 벗어나고 싶은 마음은 충분히 이해해. 하지만 서두르다간 큰코다칠 거야. 마치 술 취한 노드처럼 비틀거리면서 가느니, 차라리 달팽이처럼 천천히 가는 게 낫지 않아? 보폭을 줄이고 신중하게 가. 나중에 이 카짓한테 고마워할걸? 발목 삐어서 악어 같은 놈들한테 잡혀먹히는 것보다는 천천히 가더라도 무사히 도착하는 게 낫잖아!

어떻게 걷느냐만큼 어디로 걷느냐도 생존의 핵심이야. 이래서 현지 안내인이 꼭 필요하다는 거야. 제일 안전한 길로 안내해줄 테니까. 하지만 그 '안전한' 길조차도 구멍이랑 미끄러운 웅덩이, 뱀처럼 얽힌 뿌리로 가득할 거야. 발 디딜 곳도 잘 보고, 앞길도 계속 살펴! 마치 엘스웨어의 거리를 거닐 때 도둑맞을까 봐 주머니를 지키는 것처럼 말이야.

유사(流砂)

자다샤는 한때 유사가 꼬마 카짓들 멀리 가지 말라고 하는 무서운 이야기인 줄 알았는데, 블랙 마쉬의 무시무시한 늪지에 진짜로 있더라고! 진흙 속으로 빠르게 가라앉고 있다고? 일단 숨부터 깊게 들이쉬고! 당황하지 마. 단단한 땅을 찾을 때까지 천천히 왔던 길로 돌아가. 침착하게! 몸부림치면 더 빨리 가라앉는다고!

자다샤도 한번 그런 경험이 있는데... 다행히 근처에 있던 아르고니안 사냥꾼이 긴 나뭇가지를 던져줘서 살았어. 그날 이후로 이 카짓은 절대 혼자 늪지를 돌아다니지 않는다고!

독의 힘

자다샤의 멋진 책에서 꼭 하나만 배워야 한다면? 블랙 마쉬의 모든 것이 널 죽이려 한다는 사실이야! 저기 예쁘게 피어있는 꽃? 맹독! 달콤한 향기가 나는 과일? 더 독해! 먹을 수 있어 보이는 식물조차도 외부인의 입맛... 아니, 체질엔 전혀 안 맞을 거라고.

이 까짓을 믿어. 이곳의 모든 식물은 맹독이나 다른 위험한 물질로 뒤덮여 있거나 가득 차 있어. 한입만 먹어도 영원한 잠에 들 수 있다고! 자다샤의 사촌은 한번 "이 정도는 괜찮겠지?"하고 먹었다가... 으... 다행히 살긴 했지만, 일주일 동안 온갖 고통을 겪었어.

독초의 위험

자다샤는 슬프게도... 그래, 안내서도 없이 블랙 마쉬의 식물을 마구 먹으려는 무모한 여행자들을 너무 많이 봤어. 물론 넌 그렇게 어리석진 않겠지? 하지만 혹시 모르는 동행인이나 (아니면 그냥 바보가) 독초를 먹었을 때를 대비해서, 어떻게 해야 할지 알아둬야 해.

가장 먼저, 최대한 빨리 치유사를 찾아. 특히 아르고니안 치유사가 최고야. 그들은 태어날 때부터 이 독들과 함께 자랐으니까! 어떤 식물을 얼마나 먹었는지 정확하게 말해줘야 해. 이 사람들은 블랙 마쉬의 모든 독초와 해독법을 알고 있거든. 물론 급한 상황이라면 회복 마법을 쓸 줄 아는 어떤 치유사라도 도움이 될 거야.

치유사를 못 찾았다고? 달이시여... 그럼 일단 물을 최대한 많이 마시게 해. 구토를 유도해서 위 속의 독을 빼내는 게 중요해. 손가락으로 목젖을 자극하거나, 혹시 누가 가지고 있을지 모르는 구토제를 써도 좋아. 여러 번 토하게 하고, 그러면서도 치유사를 찾는 걸 멈추지 마!

당연히 블랙 마쉬에도 안전한 식물이 있긴 하겠지만, 네 위장이 그렇게 관대하진 않을 거야. 음식에 조금이라도 예민한 편이라면 채집은 아예 포기해. 자다샤처럼 배앓이하고, 두드러기 돋고, 온몸에 반점 생긴 채로 늪지를 돌아다니는 건 고문이나 다름없을 테니까!

중독

네가 늪의 것들을 먹고 싶지 않아도, 늪이 널 먹으려 들 수 있어! 여행하다 보면 뿌리 사이사이에 온갖 독 있는 생물들이 도사리고 있거든. 마치 어둠 속의 암살자처럼! 그런 놈들한테 물렸을 때 어떻게 해야 할지 알려줄게.

예방

아까도 말했지만, 늪지를 다닐 땐 발 디딜 곳을 정말 잘 살펴봐야 해. 마치 도둑이 보초를 살피듯이! 생물이 보이면 최대한 멀리 돌아가. 특히 뱀처럼 독이 있다고 알려진 놈들은 절대, 정말 절대로 건드리지 마! 자다샤의 친구는 한번 "아, 이 정도 작은 뱀은 괜찮겠지?"라고 생각했다가... 음, 이제는 세 손가락으로도 잘살고 있어.

지팡이는 단순히 균형 잡는 용도가 아니야. 앞을 탐색하는 도구로도 써. 지팡이로 먼저 길을 더듬으면, 독 있는 생물들이 네 다리 대신 지팡이를 공격할 가능성이 훨씬 높거든. 목이 긴 부츠에 두꺼운 양말, 긴 바지도 꼭 챙겨. 피부가 덜 노출될수록 안전해!

당연한 얘기지만, 낮에 다니는 게 가장 좋아. 밤에 꼭 가야 한다면 반드시 횃불을 들어. 어둠 속에선 치명적인 실수를 하기 쉬우니까. 자다샤도 한번 밤에 다니다가... 아, 이건 나중에 술한잔 하면서 얘기하자고.

증상

블랙 마쉬에서 뭐든 물렸다면 무조건 조심해야 해. 다행히도 독이 있다는 걸 알려주는 확실한 신호들이 있어. 마치 위험을 경고하는 종소리처럼 분명하지!

독의 양은 생물마다 다르지만, 증상은 아주 뚜렷해. 독을 가진 놈한테 물리면 문 슈거를 한 병 들이켰을 때보다 더 심한 어지럼증이 오고, 엄청난 통증과 함께 물린 부위가 풍선처럼 부어올라. 독이 많이 들어갔다면... 목소리를 낮추며 살이 썩어서 손가락이나 발가락을 잃을 수도 있어. 독의 종류에 따라 다르지만, 심하면 내부 출혈까지 일으킬 수 있는데... 이건 정말 치명적이야! 자다샤의 오랜 친구는 그렇게... 아, 미안해. 너무 무서운 얘기는 그만하자.

독이 있는 생물에게 물렸을 때

- **치유사를 찾도록 해.**
  제일 먼저 해야 할 건 치유사 찾는 거야. 뭐한테 물렸는지, 언제 물렸는지 기억했다가 다 말해줘.

- **장신구와 꽉 끼는 옷을 제거해.**
  물린 부위가 퉁퉁 부을 건데, 감염된 부위 주변에 장신구나 꽉 끼는 옷이 있으면 치료하기도 힘들고, 몇 배는 더 아플 거야.

- **몸을 움직이지 마.**
  몸을 많이 움직일수록 독이 퍼질 가능성이 커져. 감염된 부위를 최대한 가만히 유지하는 게 중요해.

- **적절한 약을 사용해.**
  통증을 없애는 약이 많긴 한데, 아프다고 아무 아무 약이나 먹으면 안 돼. 진통제 중에선 피를 묽게 하는 약도 있는데, 이러면 독이 더 빨리 퍼지게 해서 위험할 수 있어.

- **그 생물을 잡을 필요는 없어.**
  치유사한테 그 생물 가져갈 필요까지는 없어. 그러다 더 많이 물리거나 다른 사람까지 물릴 수도 있다고! 복수하고 싶어도 그냥 놔두는 게 좋아. 생김새만 기억해둬.

- **독을 빨아내려고 하지 마.**
  가장 널리 알려진 상식 중에 잘못된 상식이지. 이건 효과도 없고, 다른 사람 입에 독이 들어가서 문제만 더 커질 거야.

- **지혈대는 사용하지 마.**
  독이 퍼지는 걸 막을 거로 생각하는 사람들이 있는데, 도움은커녕 방해만 된다고 해. 피가 안 통하면 부위가 더 망가진다고!

블랙 마쉬의 야생

이 카짓이 블랙 마쉬의 늪이 널 죽이는 방법에 대해 많이 얘기했지? 근데 구체적으로 어떤 식물이랑 어떤 동물들인지 알고 싶어? 어떻게 하면 이 치명적인 생물들의 위험을 피하고 자신을 지킬 수 있을까?

너무 많아서 다 적진 못했지만, 이 카짓이 여러 해 동안 목숨을 걸고(진짜로!) 여행하면서 알게 된 블랙 마쉬의 주요 동식물들을 알려줄게!

식물

블랙 마쉬의 식물들도 절대 믿으면 안 돼, 여행자! 겉보기엔 평화로운 정원의 꽃처럼 멀쩡해 보이는 식물한테 잘못 다가갔다가는, 펑!!!!! 그대로 저승 가는 거야! 이런 일 당하지 말라고 이 몸이 늪지대에서 제일 치명적인 식물들을 알려줄게.

참고로 말하는데, 이런 괴물 같은 식물들도 다루는 법을 아는 숙련된 사람들은 접근해서 무력화할 수 있어. 하지만 네 일행 중에 그런 실력자가 없다면? 멀리 떨어져 있는 게 최고야!

가스 블로섬

이 거대하고 사나운 식물은 다 큰 카짓(다른 종족들도)을 한 번에 죽일 수 있는 독가스를 내뿜어. 썩은 생선이랑 상한 달걀을 섞어놓은 것 같은 지독한 냄새 때문에 다행히도 발견하기 전에 냄새로 알 수 있지. 독가스에 중독되지 않으려면 무조건 피해서 가거나 전문가가 접근해서 무력화해야 해.

정전기 피처

가스 블로섬처럼 이것도 자신을 방어하려고 근처 생물들을 공격해. 이 식물은 번개 같은 정전기로 근처 생물들을 공격한다고! 마치 화난 마법사처럼 말이야! 다행히도 생긴 게 특이해서 쉽게 알아볼 수 있어. 컵처럼 생긴 식물 아래에 가시덩굴이 있는지 잘 살펴봐... 그리고 주위에서 파직파직 튀고 있는 정전기도 단서가 될 거야. 밤에는 푸른빛으로 빛나서 아름답지만... 그만큼 더 위험하다고!

랜턴 사마귀

블랙 마쉬의 식물 중에서 제일 공격적인 게 랜턴 사마귀야. 이름에서도 알 수 있듯이 어떤 곤충이랑 비슷하게 생겼어(어떤 곤충인지 맞추면 셉팀 하나 줄게!). 지나가는 사람들한테 낫처럼 생긴 발톱으로 공격하는 걸 좋아해. 자다샤의 친구는 한번 그 발톱에 긁힌 자리가 한 달 동안이나 아팠다고 하더라고.

캐터펄트 양배추

블랙 마쉬의 식물 중에서 제일 덜 치명적이긴 한데 그래도 위험한 건 마찬가지야! 이 신기한 식물은 밟으면 밟은 사람을 슝~ 하고 하늘 높이 날려버릴 수 있어. 마치 술 취한 오크가 던진 것처럼! 아무런 준비 없이 높은 곳에서 떨어지는 게 유쾌한 일은 아니겠지? 밟지 말고 옆으로 지나가는 게 최고야.

동물

블랙 마쉬의 식물들이 제일 무섭다고? 블랙 마쉬의 늪지대를 돌아다니는 짐승들 만나기 전까지는 그렇게 생각할 거야! 블랙 마쉬엔 너의 최악의 악몽보다도 더 끔찍한 동물들이 살고 있어. 여기 늪지대에서 만날 수 있는 생물들 주요 몇 종류랑 걔네가 어떻게 널 죽이려 하는지 알려줄게.

보통은 이 카짓이 이런 생물들한테서 살아남는 법을 알려주겠지만, 블랙 마쉬에 살고 있는 녀석들은 숙련된 전사만 이길 수 있어. 넌 숙련된 전사가 아니라고? 그럼 최선은 어떻게든 피하고, 보이면 다리가 으스러질 정도로 빨리 도망가는 거야!

살점파리

이름부터가 별로지? 살점파리 한 마리는 모래알보다 작고, 물리면 짜증 나긴 해도 크게 해롭진 않아. 피처럼 빨간 몸체가 공중에 떠다녀서 쉽게 볼 수 있지. 근데 이 녀석들이 무리 지으면? 달이시여, 그때부턴 진짜 악몽이 시작돼! 진짜로 네 뼈에서 살을 다 먹어치울 거야. 블랙 마쉬를 차지하려던 많은 임페리얼들(말들은 말할 것도 없고)이 그렇게 죽었다고! 자다샤도 한번 그 장면을 목격했는데... 아직도 그 비명이 귓가에 맴돌아.

신기하게도 살점파리는 아르고니안의 살은 먹으려 들지 않아. 왜 그런지에 대한 이론이 많다는 건 이 카짓도 아는데, 솔직히 관심 없어. 그냥 아르고니안들은 파리를 무서워할 필요 없다는 거... 근데 네겐 그게 안 통한다는 것만 기억해!

보리플라즘

초록색 콧물 덩어리를 상상해봐. 이제 그게 수레만큼 크다고 생각해봐. 거대하고 부풀어 있는데, 입은 없지만, 영원히 배고픈 거야. 그게 바로 보리플라즘이야! 자다샤는 처음 봤을 때 눈을 의심했다니까!

이 생물은(생물이라고 할 수 있으려나?) 배고픈 카짓처럼 본능대로만 움직여. 널 잡아서 젤리 같은 몸속으로 끌어들여서 천천히 녹여서 먹어치워. 이 카짓이 말한 게 충분히 무섭지 않아? 더 무서운 소식이 있는데, 보리플라즘은 몸을 가시로 만들어서 사냥감을 찌를 수도 있어.

달에게 맹세코, 이 녀석이 느리게 움직이고 블랙 마쉬의 제일 어두운 동굴에 숨어있다는 걸 그나마 다행으로 여겨야 한다고 생각해. 자다샤의 사촌은 한번 동굴 입구에서 이걸 본 뒤로 다신 동굴 근처에도 가지 않는다고!

보리플라즘은 몸에서 더 작은 보리플라즘들을 만들어서 번식해. 한 현명한 아르고니안에게 들었는데, 모든 보리플라즘이 원래는 하나였고, 작은놈들이 엄청 큰 어미한테서 떨어져나왔다고 하던데… 그게 진짜라면? 이 카짓은 절대 확인하고 싶지 않아!

베헤모스

베헤모스는 아르고니안이랑 비슷하게 생겼어. 두 배로 크고 근육량은 열 배인 아르고니안이라고 생각해. 마치 걸어 다니는 산 같지! 이 거대한 도마뱀들은 말도 못 하고 이성도 없어. 누구든 다가오면 공격하고, 자기들의 영역에 미친 듯이 집착하지.

커다란 괴물들이 다 그렇듯이, 베헤모스가 제일 잘하는 건 주먹질하고, 부수고, 큰 발톱 달린 주먹으로 먹잇감을 박살 내는 거야. 근데 이 녀석은 거기서 끝이 아니야! 입에서 물집 생기는 초록색 독도 뱉고, 놀랍게도 악어도 부릴 수 있어. 얘네가 악어를 길들였는지 아니면 뭔가 서로 약속이라도 했는지 모르겠지만, 어쨌든 두 번 조심해야 해!

아, 그리고 제일 좋아하는 먹이는 나가라고 불리는 뱀 인간이야. 이 카짓의 삼촌이 한번은 죽은 나가의 살이 가득한 자루를 던져서 베헤모스를 유인했다고 하는데… 거짓말일 수도 있어. 이 카짓의 삼촌들은 닭을 잡아도 불사조를 잡은것 마냥 말하거든!

하즈-모타

하즈 모타는 등에 가시 달린 커다란 껍데기를 가진 생물이야. 마치 걸어 다니는 요새 같지! 머크마이어에 서식하는 생물들 대부분처럼 영역 의식이 엄청 강해. 자신의 영역에 침범한 존재가 누구든 간에 돌진하고, 독을 뿜고, 밟아 죽이지. 더 무서운 건 땅속으로 파고 들어가서 밑에서 공격할 수도 있다는 거야! 하즈-모타의 돌진과 독 공격을 버텨냈다고? 그래도 이 녀석이 만들어내는 충격파는 버티기 힘들걸? 자다샤는 한번 그 충격파에 맞아서 일주일 동안 귀가 멍멍했다니까!

하지만 이렇게 무시무시하긴 해도, 잡을 수만 있다면? 제대로만 준비하면 하즈 모타 고기로 맛있는 스튜를 만들 수 있어! 자다샤도 한 번 밖에 못 먹어봤는데 자다샤가 먹어본 스튜 중에 최고였어. 마치 게살과 송아지 고기를 섞어놓은 것 같은 맛이었지. 물론 그 맛있는 고기 한 점을 먹기 위해 목숨을 걸 필요까진 없을 것 같아!

히스트란 무엇인가?

아르고니안들은 정말 이상해. 이상한 점이 한두가지가 아니지. 이건 아르고니안들을 제외하면 누구도 부정하지 않는 객관적인 사실이야. 근데 제일 이상한 건 그들의 신이 데이드라나 아에드라처럼 오블리비언과 같은 다른 영역에 없다는 거야. 마을 중심에 히스트라는 형태로 있다니까! 자다샤도 처음 들었을 땐 믿기 힘들었어.

이 카짓이 안내서에서 히스트에 대한 이야기를 하는 건 히스트가 아르고니안 문화에서 정말 중요한 부분이거든. 만약에 네가 방문할 특권을 얻었다면(그럴 일은 없겠지만)? 최대한 존중해야 해. 명심해, 정말로 존중하라고! 아니면 아주 끔찍하게 죽을 테니까.

히스트를 처음 보면 그냥 엄청 큰 나무처럼 보일 수도 있어. 어떤 건 기둥처럼 크고, 어떤 건 하늘을 감싸 안을 듯 가지가 길고, 어떤 건 별을 찌를 듯 키가 크고, 어떤 건 작은 마을만큼 폭이 넓지. 그리고 대부분의 히스트에는 달빛보다 더 아름다운 빛나는 커다란 꽃들이 거대한 반딧불이처럼 덮고 있어. 히스트 밑에는 순수한 달빛을 녹여놓은 것 같은 빛나는 금색 수액으로 가득 찬 웅덩이가 있는데, 아르고니안들은 보통 여기다 욱시스라는 부화장을 만들고 알들을 히스트 수액에 넣어서 키워. 그렇게 태어난 아르고니안만이 그들의 신이랑 진정한 교감을 할 수 있대. 신비롭지 않아?

어떤 아르고니안들은 히스트 뿌리가 탐리엘 전체에 거미줄처럼 퍼져있다고 생각한대. 다른 사람들은 히스트가 하나의 거대한 마음이고 뿌리들이 서로 얽혀있다고 하지. 인간이나 머, 카짓이 생기기 전에 히스트만 있었다나 뭐라나. 이 카짓은 이게 다 진짜인지는 모르지만, 많은 종족들이 자기네 신에 대해 이런 식의 장대한 이야기들을 하잖아? 아르고니안들이 이렇게 믿으니까, 이런 이야기를 들으면 그저 정중하게 고덕이는 게 현명할 거야. 자다샤도 그렇게 하다가 많은 친구를 사귀었다고!

히스트 수액

히스트는 아르고니안들한테 여러 방법으로 말을 한대. 보통은 마을의 나무 관리인을 통해서지. 탐리엘 전역에 있는 다른 사제들처럼, 이 영적 지도자들은 부족에서 엄청 존경받아. 꿈이나 환상, 심지어 바람이 가지 사이로 지나가는 소리로도 히스트랑 대화한대. 자다샤가 들었을 땐 그냥 바람 소리였지만... 근데 히스트랑 교감하는 제일 흔한 방법은 나무 수액을 핥아서 환영을 보는 거야.

히스트 수액은 아르고니안들한테 정말 신성해. 이 수액에서 아르고니안 알이 부화하고, 몸이 변하고, 히스트와 소통하거든. 그러니까 히스트 수액을 몰래 모으거나 만지거나 핥는 건 정말, 달에게 맹세코 정말 바보 같은 짓이야. 블랙 마쉬 늪지대에서 죽을 방법이 많

지만, 히스트한테서 뭘 훔치려는 건 자살행위나 다름없다고!

히스트 의식

블랙 마쉬에는 하늘의 별보다도 더 많은 히스트 의식이 있는 것 같아. 블랙 마쉬의 모든 부족의 수보다 많으니까! 짝짓기부터 예언, 전쟁까지 똑같은 의식은 하나도 없어. 마치 눈송이처럼 각각 다 다르지. 블랙 마쉬 마을에서 시간 보내고 있다면? 이런 의식에 대해 조심스럽게 물어보는 것도 나쁘지 않아. 이 카짓이 보니까 아르고니안들은 자기들 문화를 외부인들에게 알리는 데에는 꽤 개방적이더라고. 물론 거네의 수수께끼 같은 말을 이해할 수만 있다면! "물이 흐르는 곳에 생명이 자라고, 히스트가 부르는 곳에 우리가 모이나니..." 이런 식으로 말하는 걸 좋아하거든.

이런 의식들은 그냥 형식적인 게 아니야. 이걸로 아르고니안들은 자신을 더 강하게 만들 수 있어. 비늘도 더 두꺼워지고 마법도 더 강해진대. 어떤 애들은 앞으로 일어날 일에 대한 예언적인 환영도 본대. 심지어 히스트의 힘으로 성별을 바꾸는 의식도 있다니까? 어떻게 아냐고? 이 카짓이 거기 참가해서 봤으니까! 그 뒤에 한 축하 연회는 마치 영원히 끝나지 않을 것 같은 축제였어!

아까도 말했지만, 이 카짓은 블랙 마쉬를 좋아하지 않아. 너무 축축하고, 위험하고, 불편하거든. 근데 이 카짓도 히스트의 아름다움만큼은 절대 부정할 수 없어. 솔직히 히스트가 아르고니안들이 말하는 것처럼 신인지도 모르겠고 진짜로 의식이 있는 존재인지도 모르겠어. 하지만 앞에 서면, 뭔가가 있다는 걸 느낄 수밖에 없어. 고대하고 강력하고 이상한 그런 거.

결론

블랙 마쉬를 여행하는 건 가벼운 마음으로 결정하면 절대 안 돼, 여행자! 존재하는 모든 것이 위험투성이인 땅이야. 진흙이랑 더러운 것들이 머리끝부터 발끝까지 덮을 거고, 많은 현지 부족들도 외부인한테 적대적이야.

하지만... 용감하게 늪지를 건넌다면? 말로 표현할 수 없는 엄숙한 아름다움을 발견할 수 있어. 잎사귀 바다 위에서 별처럼 밤하늘을 밝히는 빛나는 히스트 꽃들. 이끼 덮인 채 시간 속에 잊혀진 신비로운 옛날 석재 유적들. 보사-사들의 개골개골 소리... 음, 생각해보니 대부분 외부인들한텐 보사-사들의 소리가 그렇게 좋진 않겠네? 뭐 듣다 보면 익숙해질 거야. 자다샤도 이제는 그 소리 없이는 잠도 안 온다니까!

이 몸이 네게 알려준 지혜 덕분에 이제 넌 아르고니아의 늪지를 용감하게 건널 준비가 됐어. 달이 널 인도하길 바라, 여행자!

블랙 마쉬 77

모로윈드

모로윈드는 탐리엘 북동쪽에 있는 던머들의 고향이야! 바덴펠이라는 섬이랑 섬 서쪽, 남쪽, 동쪽을 따라 있는 해안 지역으로 이루어져 있지.

모로윈드는 날씨가 따뜻하고 온화해서 북쪽 이웃인 스카이림이랑은 완전 달라. 대부분 얼어붙는 눈 대신에 이상한 재가 날리지. 날씨만이 아니라 땅도 정말 다양하다고! 수정처럼 반짝이는 바위투성이 해안부터 황금빛 크와마 알이 묻혀있는 비옥한 평야, 증기가 피어오르는 덥고 습한 늪지대까지 있어. 모로윈드에서 제일 눈에 띄는 건 하늘을 찌를 듯이 높이 자라는 거대한 버섯이야. 어떤 건 속이 비어서 던머들이 집으로도 쓴다니까!

바덴펠 한가운데엔 레드 마운틴이 있어. 배 속에 불 품고 입에 연기 가득 담은 무시무시한 화산이지! 주변엔 붉은 용암이 강처럼 흐르고 불모의 바위투성이 땅이 있는데, 끝없이 쏟아지는 재가 하늘을 가리고 땅을 덮어. 연기랑 재가 너무 심해서 여기 사는 유목민들을 애쉬랜더라고 부르는데, 이 녀석들은 자기들이 고향이라 부르는 애쉬랜드만큼이나 모로윈드의 다른 사람들한테 미움받고 있어.

하지만 이 카짓이 하는 말 잘 들어. 모로윈드에서 장사하면 그 땅이랑 사람들을 잘 알고 있을 때 정말 큰 돈을 벌 수 있어. 크와마 알이나 희귀한 연금술 재료만 해도 황금이랑 다름없지! 그래서 넌 현명하게도 이 카짓의 책을 산 거 아니야? 걱정 마, 이 카짓은 알려줄 게 정말 많으니까, 절대 실망시키지 않을 거야, 여행자!

대가문

모로윈드를 여행할 때는 현재 네가 서 있는 땅이 어느 대가문의 땅인지 알고 있는 게 좋을 거야. 왜냐하면 대가문 마다 관습이나 세금, 법이 다른데 알고 대처할 수 있거든. 그리고 무엇보다 다크 엘프… 아니 던머 녀석들은 네가 이런 거에 엄청 민감하게 반응한다고! (던머들은 정말 까다로운 놈들이야. 이 카짓이 장담해!)

그래서 이 카짓이 모로윈드의 대가문들, 그들이 가진 땅, 그리고 좀 특이한 관습들에 대해 간단히 알려줄게. 네가 이해할 수 있을 만큼만! 더 말할 수도 있지만, 대부분은 엄청 지루할 거야.

흐랄루 가문

흘랄루 가문은 모로윈드 본토 중서부랑 바덴펠 남서부를 다스려. 사업이랑 외교로 힘을 얻었지. 다른 던머들이랑은 다르게 다른 종족이랑도 기꺼이 거래하고 협상해.

조심만 한다면 흐랄루는 괜찮은 거래 상대가 될 수 있어. 달콤한 환영 미소 뒤에 교활한 눈빛을 숨기고 있지만! 흐랄루랑 거래할 땐 마치 도둑 길드에서 물건 살 때처럼 의심하면서 대하는 게 좋아. 말을 그대로 믿지 말고, 계약은 꼼꼼하게 확인해. 손바닥에 셉팀을 쥐여줄 각오도 하고, 뒤통수 맞지 않도록 단단히 주의해.

레도란 가문

레도란 가문은 시로딜이랑 스카이림이랑 맞닿은 본토 서부 지역을 다스려. 최근엔 바덴펠의 북부랑 서부도 차지했다고 해. 이 가문은 던머의 전통을 목숨보다 더 중요하게 여기는, 바위처럼 엄격하고 보수적인 가문 중 하나야. 모로윈드에서 제일 큰 군사력을 가지고 있고, 비벡의 보이안트 아미저들 중에서도 이 가문 출신이 많아. 외부인한테 공정하긴 한데, 그렇다고 활짝 웃으며 맞이하진 않지.

이 가문의 명예심만 건드리지 않으면 의외로 정직한 거래 상대가 돼. 게네 방식을 존경하고 문화에 대한 경외심을 보여줘. 게네들의 명예는 금보다 더 귀중하다는 걸 알아둬. 명예를 망가뜨리느니 전 재산을 잃는 게 낫대. 이상하지만, 조심히 다루면 이용할 수도 있어. 단, 이중 거래는… 음, 자다샤가 한번 그런 반다리를 봤는데… 그 뒤로 그 반다리는 아무도 못 봤다고!

인도릴 가문

인도릴 가문은 모로윈드의 가장 신성한 곳인 본토의 중동부를 다스리고 있어. 그래서 꽝신도처럼 엄청 독실하고, 사원에서 높은 자리를 차지하고 있지. 트라이뷰널들과도 깊은 연관이 있어서 그들이 신이 된 이후로는 충실한 종이 되었어. 레도란이 흔들리지 않는 커다란 나무라면, 인도릴은 바위라고 볼 수 있지. 변화라는 말만 들어도 오한이 들 정도로 변화를 싫어하고, 던머의 전통을 손톱만큼도 바꾸고 싶어하지 않아.

이 가문은 거래 상대로도 손님으로도 최악이야. 지루한 교리만 온종일 떠들거든! 이 카짓은 인도릴이 외부인이랑 거래하는 걸 들어본 적도 없어. 계네랑 꼭 거래하고 싶다면? 던머 중개인을 써서 하는 게 좋아.

드레스 가문

솔트라이스 하면 드레스 가문이지! 블랙 마쉬랑 맞닿은 땅을 지키고 있고, 모로윈드에서 제일 비옥한 농장을 가지고 있어. 농장이 많아서 일꾼이 항상 필요한데, 노예무역 덕분에 일꾼은 부족하지 않대. 거기엔 온갖 종족이 다 있어 특히 카짓이랑 아르고니안을 노예로 삼는 걸 좋아하지.

이런 구역질 나는 사실만 참을 수 있다면 돈 잘 벌 수 있는 거래 상대가 될 수 있어. 근데 조심해, 네 물건보다 네 노동력에 더 관심 있을 수도 있으니까. 당연하게도 이 카짓은 계네 땅엔 발도 안 들여놨다고!

텔바니 가문

텔바니 가문은 본토 동부랑 바덴펠 동부를 다스려. 던머들 사이에서도 제일 미움받는 가문이야. 강력한 마법사랑 마스터 위저드로 유명한데, 마치 동굴 속 버섯처럼 고립되어 살아. 탐리엘의 다른 곳이랑은 거의 관계를 안 맺으려 해. 고독이랑 연구만 원한대. 적은 거의 없지만, 친구도 없고 원하지도 않아. 심지어 트라이뷰널의 간섭도 싫어한다고 들었어.

계네가 네게서 원하는 게 없다면 최악의 거래 상대야. 있다고 해도 협상하기보단 널 실험 대상으로 삼을 가능성이 더 높아! 이 가문이랑 협상하려면 강한 힘을 보여줘야 하는데, 너가 아무리 강하더라도 좋은 결과를 얻긴 힘들 거야. 텔바니는 자존심만 생각하고 이익은 거의 신경 안 써. 마치 미친 연금술사들 같아!

애쉬랜더

애쉬랜더들은 자기들 땅은 없지만 바덴펠 섬에서 유목민처럼 떠돌아다녀. 레드 마운틴의 재처럼 날리는 운명을 가진 자들이지. 제일 살기 힘든 곳에서만 살도록 허락받고, 다른 던머들한테 대부분 무시당하지. 왜 그런지 알아? 트라이뷰널을 숭배하는 걸 거부하고 대신 자신들의 조상이랑 데이드릭 프린스한테 도움을 구하기 때문이야. 애쉬랜더들도 마찬가지로 다른 던머와 대가문들을 싫어하고, 끼네가 약하다고 생각해. 마치 서로를 증오하는 두 마리의 클리프 레이서 같아!

무역? 애쉬랜더들이랑 무역을 하겠다고? 이 카짓은 웃음이 나오네. 왜 거래하려고 해? 걔넨 가난하고, 미움받고, 외부인한테는 광견병 걸린 늑대만큼이나 적대적이야. 그냥 자기들끼리 놀게 내버려둬!

(합법적인)암살 피하기

탐리엘엔 암살자들이 많지만, 모로윈드에선 모락 통 길드가 하는 암살이 완벽하게, 완전히, 철저하게 합법이야! 이 카짓의 입에서 이런 말이 나온다는 게 믿기지 않지만 사실이야. 물론 규칙과 제약은 있지. 모락 통은 메팔라를 숭배하는데, 메팔라의 이름으로 살인을 하면 메팔라가 기뻐한다고 생각하고 있어. 트라이뷰널이 왜 자기들 땅에서 데이드릭 프린스의 숭배를 허락하는지는 이 카짓도 모르겠어. 뭐, 다크 엘프들 중에 이상한 건 이것뿐만이 아니지만.

암살하려면 모락 통 단원들은 청부 서약서가 필요해. 누가 그런 서약서를 쓰는지, 암살은 어떻게 결정되는지 이 카짓은 모르지만... 아니, 알고 싶지도 않아! 서약서 없이 암살하면 법을 크게 어기는 거야. 그러면 길드에서 쫓겨나는데, 현실은... 다른 길드 단원들에게 암살당한다고 하더라.

걸 쓰다 보니 깨달았는데, 암살 피하는 조언이 별로 없네? 사실... 이 카짓은 모락 통한테서 살아남은 사람 얘기를 들어본 적이 없어. 그런 일이 있긴 했는지도 모르겠고. 그래서 모락 통이 누군가로부터 널 죽여달라는 청부를 받았다면... 믿고 있는 신한테 기도나 해. 이게 이 카짓이 해줄 수 있는 유일한 조언이야.

화산에서 살아남기

많은 사람들이 모로윈드의 제일 대단한 특징이라고 부르는 게 바로 화산이야. 또 제일 위험하기도 하지. 바덴펠 섬 중앙엔 레드 마운틴이라는 화산이 있는데, 하늘로 재를 뿜고 아직도 배 속에 불을 품고 있어. 그래서 화산이 폭발할 때 알아야 할 걸 다 알려줄게. 다크 엘프들은 이런 걱정을 비웃지만, 이 카짓은 게네들의 안일함에 목숨 걸고 싶진 않아.

준비

바덴펠 섬 어디를 가든, 레드 마운틴이 분화하기 시작하면 어떻게 도망갈지 알아둬야 해. 자다샤처럼 불같은 죽음 앞에서 당황하게 되면 안 되거든! 제일 가까운 길이랑 항구가 어딨는지 꼭 알아둬. 그리고 정말 꼭 필요한 건 들기 쉬운 가방에 미리 넣어둬. 물, 음식, 갈아입을 옷, 귀중품 같은 거야.

같이 가는 사람들에게도 대피 준비를 시켜둬야 해. 어디서 만날지, 뭘 가져갈지, 뭘 놓고 갈지 미리 계획해둬. 특히 판단력과 행동이 느린 어린애들이나 늙은이들한테 중요해.

폭발 예측

레드 마운틴이 분화한다면 바덴펠에서 빨리 도망칠수록 살아남을 확률이 높아. 그러니까 레드 마운틴이 분화하려고 할 때 나타나는 신호를 독수리처럼 날카롭게 봐야 해.

보통 바덴펠엔 이런 재앙을 예측하도록 훈련받은 던머 마법사들이 있을 수 있어. 근데 위험이 다가와도 게네가 외부인한테 경고해줄 시간을 낼 것 같진 않아. 다크 엘프한테 믿을 만한 게 하나 있다면? 그건 게네를 믿으면 안 된다는 거야. 그러니까 직접 신호를 살피는 게 좋겠지?

지진

레드 마운틴은 평소에도 가끔 지진을 일으키는 걸로 알려져 있어. 마치 배고픈 카짓의 배처럼 자주 울린다니까! 그래서 지진만으로는 폭발할지 판단하기 어려울 수 있어. 하지만 폭발 전에는 지진이 더 세지고 자주 일어날 거야.

뜨겁고 부풀어 오르는 땅

땅 속의 압력 때문에 레드 마운틴 주변 땅이 뜨거워지고 마치 발효하는 빵처럼 부풀어 오를 거야. 어떤 곳은 갈라지고 틈이 생길 수도 있지. 자다샤는 한번 그런 틈에서 나오는 증기에 발등을 덴 적이 있어... 아직도 그때 생각하면 아프다니까!

증기

화산 분화구와 땅이 갈라진 데서 아마 증기랑 연기가 취한 노드의 콧김처럼 많이 나오기 시작할 거야.

하지만 안타깝게도 이런 것들은 다 폭발이 일어나지 않아도 일어날 수 있고, 화산이 터지기 몇 주, 몇 달, 심지어 몇 년 전에도 나타날 수 있어. 만약 레드 마운틴에서 이런 걸 봤다면? 현지인한테 이게 평소랑 다른지 물어봐. 지진이 평소보다 더 강하거나 잦니? 오늘 연기가 평소보다 더 많이 나니? 던머들이 비웃어도 방심하지 마! 겁쟁이 소리 듣는 게 죽는 것보다 낫잖아?

자, 이제 진짜 무서운 얘기를 해볼게. 레드 마운틴이 갑자기 분화한다고 해보자. 화산입에서 데이드라의 분노만큼이나 뜨거운 용암이 터져나오고 바덴펠에 바위랑 불을 비처럼 내릴 거야. 또 재가 하늘을 완전히 뒤덮어서 공기를 들이마시는 존재들을 모두 질식시키고, 진흙은 배고픈 슬로드보다 더 빨리 내려와 땅을 망가뜨릴 거야. 이런 위험들을 조심하고 준비해야 해.

실내에 머무르기

만약 레드 마운틴에서 그나마 안전한 거리에 있다면, 화산이 잠잠해질 때까지 실내에 있는 게 현명해. 대피할 때 생길 수 있는 많은 위험을 피할 수 있거든. 자다샤도 한번 이렇게 살아남았어!

문이랑 창문을 다 닫고, 쥐구멍만 한 틈까지 모두 막아. 이러면 화산재가 네 피난처로 들어오는 걸 막을 수 있어. 다치게 하고 싶지 않은 가축이나 애완동물 있으면 안으로 데려와. 연기를 마시면 걔네도 너만큼이나 힘들 테니까.

피난처가 떨어지는 바위나 올라오는 진흙 때문에 무너질 것 같아? 그럼 망설이지 말고 대피하는 게 좋아. 피난처가 멀쩡하다면, 폭발이 멈추고 공기가 깨끗해질 때까지 기다렸다가 나가. 너나 동료가 연기를 마셨다면 빨리 치유사한테 가봐야 해.

대피

레드 마운틴이 터지기 시작하면 바덴펠의 많은 곳이 위험해질 거야. 사실 섬을 아예 떠나는 게 훨씬 안전하지. 근데 폭발할 때 여행하는 건 절대 쉽지 않아.

이류(泥流)

이름 그대로 거대한 진흙 산사태야. 마치 미친 듯이 달리는 진흙 강 같지! 화산이 폭발할 때 자주 생기는데, 특히 비 온 뒤나 강 근처에서 생기고 용암만큼 위험해! 네가 걷거나 뛰는 것보다 훨씬 빨리 움직인다고.

계곡이나 낮은 곳, 특히 강이나 하천 근처에 있다면? 최대한 빨리 위로 올라가! 마치 늑대를 피해 나무로 도망가듯이! 다리 건너기 전에 위쪽에서 진흙이 오는지 확인해. 진흙이 흐르는 경로에 있으면 옆으로 피해. 앞지르려고 하는 것보다 그게 살아남을 확률이 훨씬 높아.

낙석

화산이 폭발하면서 지진이 나면 바위가 비처럼 떨어질 수 있어. 특히 절벽 밑으로 지나가야 한다면 머리 위를 잘 봐야 해. 사실 그런 곳은 아예 피하는 게 제일 좋지. 만약 바위가 떨어지는 곳에 있게 되면, 최대한 몸을 웅크리고 머리부터 보호해.

화상

자다샤가 나중에 더 자세히 설명할 거니까 여기선 다시 설명 안 할게. 간단히 말하자면,

화상 입지 않는 게 화상 위험에서 살아남는 제일 좋은 방법이야. 용암이나 뜨거운 증기랑은 술 취한 노드를 피하듯 멀리 떨어져 있고, 뜨거운 재도 피부를 태울 수 있으니까 밖에 나갈 때는 몸을 최대한 가려.

만약 대피하다가 화상을 입었으면 치유사한테 최대한 빨리 가봐.

재와 연기

화산 폭발 때문에 생성된 재랑 연기도 용암만큼이나 치명적일 수 있어. 숨 쉬는 공기를 피할 순 없잖아? 마치 모락 통의 암살자처럼, 보이지 않는 죽음이지! 그래도 화산 폭발할 때 폐가 망가지는 걸 막는 방법이 몇 가지 있어.

- **눈 보호**

재로부터 눈을 지키면 보기도 쉽고 불필요한 고통도 피할 수 있어. 보안경은 비싸도 폭발할 때 목숨을 구할 수 있지. 보안경이 없으면? 눈을 보호할 수 있는 거라면 뭐든 찾아!

- **마스크**

이 책을 읽는 도둑들은 운이 좋네! 마스크가 폭발할 때 큰 도움이 될 거야. 화산재를 마셔서 폐가 다치는 걸 막아주거든. 마스크가 없으면 젖은 천이라도 입에 대. 아무것도 없는 것보다는 낫지!

- **보호복**

공기 중의 뜨거운 재로부터 몸을 보호하기 위해 긴 소매와 바지를 입는 게 좋아.

- **연기 피하기**

화산 폭발 때문에 생긴 연기 때문에 코, 입, 눈이 아프면? 최대한 빨리 그 지역을 벗어나. 연기를 마시면 어지럽고 정신을 못 차릴 수 있는데, 대피할 때 이러면 정말 위험해!

레드 마운틴이 모로윈드의 경이로움일 순 있지만, 진짜 위험하다는 걸 잊지 마! 바덴펠 섬을 여행한다면 최악의 상황에 대비하는 게 좋아. 너무 조심해서 바보 같아 보이는 게 죽어서 바보 되는 것보다 낫지 않아?

트라이뷰널

탐리엘의 모든 종족 중에서 자기네 신들이랑 같이 산다고 주장하는 건 두 종족뿐이야! 하나는 히스트라는 나무 신을 키우고 돌보는 블랙 마쉬의 아르고니안들이고, 다른 하나는 트라이뷰널(알시비라고도 해)이라는 세 신을 숭배하는 던머들이야. 이 신들은 도시 안에 살면서 절대적인 권력으로 다스린대. 재미있는 건, 서로 그렇게 미워하는 두 종족이 믿음에 관해서는 공통점이 많다는 거야!

던머들의 전설에 따르면, 트라이뷰널들이 처음부터 신은 아니었대. 여러 달 전에 신이 됐다나 뭐라나. 다크엘프의 신이라고 세 명이 다 다크 엘프처럼 생기진 않았어. 알말렉시아는 아주라한테 저주받기 전 던머의 조상인 황금색의 카이머의 모습을 선택했고, 비벡은 카이머랑 던머의 반반의 모습을, 소타 실은 자기만의 이유로 던머의 모습을 택했대. 이런 선택을 보면 각자의 성격과 가치관을 짐작할 수 있지!

트라이뷰널과 그들의 절대 권력 밑에는 모로윈드의 대의회와 대가문들이 있어. 모로윈드의 일상적인 일들은 대의회와 대가문들이 다스리는 것 같아. 아마도 신들이 신성한 일로 바빠서 관료들의 지루한 일에 끼고 싶지 않았나 봐!

네가 외부인으로 트라이뷰널을 만나거나 대화할 일은 거의 없을 거야. 하지만 게네를 숭배하는 사람들을 잘 알려면 이 신들에 대해 좀 아는 게 좋아. 다크 엘프들은 원래도 외부인을 안 좋아하는데, 자기네 신을 무시하는 건 절대 용납 못 해. 그래서 이 카짓이 알시비에 대해 간단히 설명해줄게.

알말렉시아

어머니, 수호자, 자비의 여신... 던머들이 알말렉시아를 부르는 이름이 많아. 트라이뷰널 중에 제일 사랑받는 신이거든! 연민, 친절, 용서로 유명하고, 약자를 보호하고 현자랑 치유사들을 후원한대. 진짜 모로윈드의 어머니지!

그녀는 모운홀드라는 이름으로도 많이 알려진 그녀의 이름을 딴 도시인 알말렉시아에 머무르면서, 숭배하는 데 전념하는 사원 도시를 다스려. 인도릴 가문이 그곳에서 흔들림 없이 충성하고 있어. 운 좋으면 실제로 그녀가 도시 거리에서 사람들 사이를 걷는 걸 볼 수도 있어. 근데 그녀가 지나가면 절대 다가가지 마! 경호원들이 널 베어버리기 전에 설명할 시간도 안 줄 거야.

비벡

비벡도 자기의 이름을 딴 도시인 비벡 시티에서 바덴펠의 성지를 다스려. 이중성의 신이라고 하는데, 철학을 모르는 사람한덴 이해하기 어려울 거야. 전사이자 시인이고, '비벡의 36가지 가르침'이라는 유명한 글도 썼는데 진짜 목적은 아무도 모른대. 이 카짓한덴 36개는 너무 많아서 읽기도 싫어!

비벡의 제일 큰 업적 중 하나는 지금 바-다우라고 불리는 떨어지는 소행성이 모로윈드랑 부딪치는 걸 막은 거래. 이 큰 위성이 이제 비벡 시티 위에 떠있어서 사람들한테 자기 신의 힘을 보여주는 거지. 매년 순례자들이 많이 오는 것도 당연해!

소사 실

알말렉시아는 사람들이랑 걷고, 비백은 궁전에서 머무르는데, 소타 실은 트라이뷰널 중에서 제일 보기 힘들어. 알말렉시아보다 칭호가 더 많은데, 대부분 마법이랑 발명을 잘한다는 얘기야. 보통 사람들은 접근할 수조차 없는 어딘가에 숨겨진 거대한 태엽 도시를 다스린다고 해.

이 카짓이 볼 땐 소타 실의 가장 큰 업적은 콜드하버 조약이야. 길-바델이 파괴된 후에 오블리비언에 가서 제일 강력한 여덟 데이드릭 프린스랑 만났대. 거기서 다시는 니른에 나타나지 않겠다는 약속을 받아냈어. 자세한 건 소타 실이랑 그 프린스들만 알지만, 이건 정말 고마워해야 할 일이야. 이게 없었다면 어떤 재앙이 일어났을지 누가 알아!

결론

모로윈드에서 진짜 위험한 건 던머들이야. 드레스 가문의 노예 구덩이든 텔바니 가문의 순수한 힘이든, 자연적인 위험보다 정치적인 위험이 훨씬 많아. 살아남으려면 둘 다 잘 다룰 줄 알아야 해.

하지만 던머들이랑 어떻게 지내는지만 배우면? 돈 될 만한 거래도 많고 이상한 아름다움도 있어. 밤에 흐르는 용암에서 나오는 빛이 재가 섞인 공기에 살짝 가려지는 모습이라든가, 텔바니 가문이 집이라고 주장하는 거대한 버섯이나 던머들을 이리저리 태우고 다니는 징그러운 실트 스트라이더 같은 건 쉽게 잊히지 않을 거야. 친절한 미소는 별로 없는 땅이지만, 볼 만한 건 아직도 많아!

이제 이 카짓의 지혜 덕분에 죽기 전에 그 아름다움을 즐길 수 있을 거야. 물론... 모락 통이 네 이름이 적힌 서약서를 안 가지고 있다면 말이야. 그건 이 카짓도 도와줄 수 없으니까!

시로딜

시로딜은 한때는 제국의 자랑스러운 심장이었고 정말 완벽한 곳이었지! 탐리엘 한가운데 있는 이 땅은 봄날의 연인처럼 날씨도 좋고, 시인의 붓끝에서 나온 듯 풍경도 아름다웠어.

북쪽이랑 동쪽에는 제랄 산맥이 장벽처럼 서 있지만, 영리한 임페리얼들이 만든 안전하고 편한 길이 많았어. 시로딜 한가운데엔 시티 아일이라는 섬이 있는데, 여기에 제국의 심장인 임페리얼 시티가 있지. 이곳엔 오랫동안 강력한 황제들이 있었고, 무역도 번성해서 금화가 물처럼 흘렀지, 구름을 찌를 듯한 신비로운 화이트-골드 타워도 있었다니까!

진짜로 시로딜은 한때 여행하기 정말 좋은 땅이었어. 제국이 달빛처럼 반짝이는 대리석으로 튼튼한 길도 만들고, 용감한 군인들이 지키는 경비 전초 기지도 있고, 최신 시설 갖춘 멋진 도시들도 많았거든. 많은 상인들이 이곳을 여행하는 걸 좋아했어. 돈이고 목숨이고 다 안전하다고 확신했으니까!

근데 최근엔... 끝없는 전쟁 때문에 다 망가지고, 데이드릭 신봉자들이 점령해버렸어. 한때 황금빛 들판이었던 곳이 이제는 피로 물들었지.

조금이라도 정신 있는 여행자라면 시로딜에 발도 들이지 않을 거야. 그래서 이 카짓의 시로딜 여행 조언은 아주 간단해. 가지 마! 다른 길로 가고, 다른 왕국으로 가고, 다른 여행을 선택해. 적어도 시로딜이 다시 평화를 되찾을 때까진! 네 목숨이 달린 일이야. 이건 농담이 아니라고!

하이락

하이 락은 탐리엘 북서쪽 아주 깊은 곳에 있는, 안개 낀 계곡 마을과 구름을 찌르는 요새들이 있는 신비로운 땅이야.

하이락엔 한 명의 절대적인 통치자가 있는 게 아니라, 수많은 도시 국가랑 작은 왕국들로 나뉘어 있어. 마치 조각보 같지! 이런 독립적인 체계를 유지하는 게 자존심 강한 브레튼들 성격에는 딱 맞는데, 전체가 하나로 움직여야 할 때는 좀 곤란을 겪기도 하는 거 같아.

그리고 탐리엘의 다른 곳이랑 비교하면 브레튼들은 낯선 사람들한테 꽤 친절해. 아마도 자기들이 머와 인간의 피가 섞였다는 걸 자랑스러워해서 그런가 봐. 여기선 번쩍이는 갑옷을 입은 기사들의 화려한 대회도 있고, 달콤한 벌꿀주가 흐르는 선술집에서 자랑스러운 음유시인들의 노래가 울려 퍼지고, 거리마다 춤과 노래가 넘치는 축제도 있어. 물론... 브레튼들이 또 내전을 시작하지 않는다면 말이야!

하이 락의 지형은 날카로운 바람이 휘몰아치는 절벽부터 따스한 햇볕이 내리쬐는 울창한 숲까지, 푸른 풀이 물결치는 구릉지부터 하얀 눈으로 뒤덮인 산까지 정말 다양해. 여행할 수 있는 길이 많으니까 하이 락 가기 전에 어떤 길로 갈지 잘 생각해봐야 해. 알리키어 사막같은 죽음의 사막이나 블랙 마쉬 같은 위험한 늪지는 아니지만, 이 왕국들 안에도 여전히 숨어있는 위험이 있거든. 산적들, 늑대 떼, 그리고 가끔... 음, 브레튼들의 정치 싸움 같은 것들 말이야.

근데 걱정하지 마! 이 카짓의 오랜 경험에서 우러나온 지혜로 네가 살아남을 수 있게 해줄 테니까!

길 찾기

목적지도 모르면서 여행하면 아무 소용 없어! 데거풀로 가는 길은 많은데, 길 잃을 방법도 그만큼 많아. 그러니까 방향을 찾고 그 방향을 잘 유지하는 게 제일 좋아, 알겠지?

지도 읽기

지도는 여행자들을 목적지로 데려가려고 만드는 거야. 지도가 없으면 길 잃는 건 당연하지? 근데 지도가 있어도 지도를 읽을 줄 모른다면 아무짝에도 소용없잖아? 어떻게 하면 지도를 잘 고르고, 읽고, 관리할 수 있는지 이 카짓이 알려줄게.

최고의 지도 선택하기

보통 네가 고를 수 있는 지도는 두 종류야. 네가 어디로 가는지, 어떤 지형을 지나가야 하는지에 따라서 뭐가 더 좋을지 달라져.

- **도로 지도**

도로 지도는 인위적으로 만들어진 길을 표시하도록 만든 거야. 보통 무역을 하러 다닐 때 가지고 다니면 아주 좋지. 주요 도시랑 마을, 여관도 잘 표시되어 있어.

- **지형 지도**

지형 지도는 강이나 호수, 지형, 보도 같은 자연적인 특징이랑 지형을 중점적으로 보여주는 지도야. 큰 길이 없는 곳을 갈 때 제일 좋아. 특히 산악 지대나 황야를 건널 때 꼭 필요하지.

제일 좋은 건 두 종류 다 가지고 다니는 거야. 언제 아르로나크 무리가 큰 길을 막을지 모르잖아! 근데 돈이 빠듯하면 네 여행에 제일 맞는 걸로 하나만 골라도 상관없긴 해.

제대로 된 축척 고르기

지도 축척이 크다면 더 좁은 지역만 보여줘. 말이 좀 이상하지? 근데 보통 지도 크기를 생각해봐. 지도의 모든 게 엄청 크게 그려져 있으면 표시할 공간이 별로 없잖아. 그럼 뭐가 너한테 맞을까?

- **대축척 지도**

대축척 지도는 훨씬 더 자세하고 정확하게 보여주지만, 더 좁은 지역만 볼 수 있어. 특히 산이나 네가 잘 모르는 위험한 지역을 갈 때 필요할 수 있지. 따라서 지역 별로 여러 장 살 수 있으면 가지고 있으면 좋아.

• **소축척 지도**

　소축척 지도는 자세하진 않지만, 훨씬 더 넓은 지역을 보여줘. 네가 지나가는 땅을 더 크게 볼 수 있지. 넓은 지역이 한 장에 다 표시가 되니까 지도를 덜 사도 되니까 좋고. 익숙한 여행이나 덜 위험한 여행이면 이것만으로도 충분할 거야.

　이 카짓이 아까도 말했지만, 큰 축척이랑 작은 축척 둘 다 가지고 다니는 게 제일 좋아. 하나는 전체 지역을 보여주고, 몇 개는 특정 장소를 자세히 보여주면 되거든. 마녀의 늪지를 갬브레이 언덕으로 착각하고 싶진 않잖아? 물론 이건 다 네 돈이랑 짐 공간, 그리고 구할 수 있는 지도에 따라 다르지만 말이야.

범례

이제 자다샤가 알려줄 건 무슨 대단한 비밀이 아니야. 그저 지도를 제대로 읽는 법이지. 특히 범례, 우리가 '키'라고도 부르는 걸 설명해줄게. 이건 지도에 그려진 온갖 표시들이 뭘 뜻하는지 알려주는 일종의 암호해독서 같은 거야. 지도 제작자들은 공간을 아끼려고 이런 설명들을 최대한 간단히 써놓거든.

재미있는 건 말이야, 지도 제작자마다 자기만의 독특한 범례를 쓴다는 거야. 마치 개성 넘치는 서명처럼! 그래서 새로운 지도를 볼 때마다 먼저 범례부터 훑어보는 게 좋아. 다행히도 같은 제작자의 지도들은 일관된 기호를 쓰니까, 한번 익숙해지면 쉽게 읽을 수 있을 거야.

자, 범례에서 특히 주목해야 할 것들을 알려줄게.

• 도로 표시

이건 정말 중요해! 도로마다 성격이 다 달라. 네가 무거운 짐마차를 끌고 간다면 튼튼하고 넓은 포장도로가 필요하겠지? 근데 가벼운 발걸음으로 여행하는 거라면, 좁은 오솔길이 오히려 더 빠를 수도 있어. 재미있는 건, 모든 길이 지도에 다 표시되진 않는다는 거야. 그래서 이 카짓은 여행하면서 특이한 바위나 오래된 나무 같은 표지물은 따로 메모해두는 편이야.

• 기호

기호는 정말 똑똑한 발명품이야! 복잡한 도시나 마을, 심지어 신전 같은 것들을 작은 점이나 도형으로 깔끔하게 표현하거든. 방향 찾을 때도 엄청 유용해. 게다가 네가 지나갈 지형이 울창한 숲인지, 질퍽한 늪지인지도 한눈에 알 수 있지.

• 약어

이 카짓의 경험상, 방향을 설명할 때는 정확한 단어만 한 게 없어. 근데 지도에 긴 단어를 다 쓸 순 없잖아? 그래서 약어를 쓰는데, 이게 기호랑 같이 보면 더 명확해져. 드웨머 유적이나 아카비르 사원 같은 흥미로운 장소들도 약어로 표시되어 있으니, 목적지에 도착하면 뭘 구경할 수 있을지 미리 알 수 있지.

현재 위치 찾기

이것은 말은 쉽지만 실제로 하긴 까다로워. 특히 주변을 제대로 못 봤으면 더더욱! 그래서 지나온 표지물도 잘 기억하고, 앞으로 나타날 표지물도 예측해야 해. 다행히도 하이 락에는 벨다마 위어드의 거대한 나무나 장엄한 마이어 폭포처럼 눈에 띄는 표지물이 많아. 하지만 이 카짓이 늘 말하듯이, 길 찾기의 황금률은 애초에 길을 잃지 않는 거라고!

혹시라도 길을 잃었다면? 당황하지 말고 크고 뚜렷한 표지물을 찾아봐. 강이나 호수 같은 물줄기는 최고의 이정표야. 지도에 반드시 표시되어 있을 테니까. 하이 락의 자랑, 할시온 호수처럼 말이야! 산도 멀리서도 보이니까 아주 좋은 표지물이 되지. 마을을 찾는 것도 현명한 방법이야. 현지인들은 보통 친절하게 길을 알려주거든.

이 카짓이 보니까 브레튼들은 특히 친절해! 언제나 정확한 방향을 알려주려고 애쓰지. 참, 알드크로프트에 들르면 탐리엘 전역에서 공수해온 최고급 에일을 맛볼 수 있어. 크로스위치는 말발굽 수리하기에 최고지. 실력 좋은 대장장이랑 장제사가 많거든. 데거풀은 하이 락 최대 도시라 없는 게 없어... 다만 주머니 사정은 각오해야 할 거야!

경로는 꼼꼼하게 짜는 게 좋아. 각 구간별로 걸리는 시간도 기록해두고. 물론 이건 좀 조사가 필요하지. 그 길을 먼저 걸어본 사람들한테 물어보는 게 제일 확실해. "이 강에서 저 마을까진 며칠이나 걸리나요?", "전체 여정은 몇 주나 잡아야 하나요?" 이런 정보는 짐 꾸릴 때도 엄청 중요하거든.

지도를 다루는 법

자, 이건 정말 기본 중의 기본이야! 지도는 반드시 올바른 방향으로 놓아야 해. 거꾸로 본 지도가 무슨 소용이겠어? 네 위치를 찾았으면 사방을 잘 살펴. 예를 들어 앞에 큰 호수가 보인다면, 지도도 그쪽을 향하게 하는 거지.

지도 관리하기

이건 정말 중요해! 비에 젖어 흐물거리거나, 찢어지거나, 화가 난 마법사가 실수로 태워버린 지도는 쓸모가 없잖아?(자다샤는 실제로 본 적 있어...) 그러니까 항상 안전하게 보관해야 해.

가장 믿음직한 건 원통 모양의 가죽통이야. 물도 안 들어가게 꽉 밀봉되는 튼튼한 통이지. 어떤 건 멜빵이 달려있어서 여행할 때 특히 편리하지. 많은 여행자들이 이걸 항상 허리에 차고 다니더라고. 아니면 캐러밴이나 여행 가방 안쪽 안전한 곳에 넣어두는 것도 좋아.

지도 펼칠 때는 살살 다뤄. 찢어지거나 구겨지면 안 되니까. 위치 확인할 때는 손에 들거나 깨끗하고 마른 곳에 놓고 봐. 그리고 어린 애들 손에 닿지 않게 해. 이 카짓이 봤는데 지도를 망치는데 아주 일등이더라고.

나침반 사용법

지도만큼이나 소중한 도구, 바로 나침반이야. 북쪽을 알려주는 이 작은 친구 없이는 지도도 반쪽짜리라고 할 수 있지. 이 카잣이 여행하면서 보니까, 믿기 힘들겠지만 이런 기본적인 도구도 제대로 못 쓰는 동료들이 꽤 많더라고. 그래서 지다샤 겪었던 시행착오를 너는 겪지 않게 몇 가지 꿀팁을 알려줄게.

- **나침반의 잠금을 해제해**
어떤 나침반은 바늘을 고정하는 장치가 있어. 항해 시작하기 전에 꼭 잠금 풀어야 해.

- **평평한 표면에 놓고 사용해**
나침반 바늘은 평평한 곳에 놓았을 때 제일 정확해. 테이블이든 수레든 상자든 평평하기만 하면 돼.

- **센터-홀드 기법을 시도해봐**
좀 덜 정확할 수 있지만, 나침반 들고도 정확하게 읽는 법을 배울 수 있어. 나침반의 밑바닥이랑 뚜껑을 완전히 평평하게 펴. 한쪽 엄지는 나침반 위에, 다른 하나는 아래에 대고, 손가락은 나침반 옆에 대. 팔꿈치는 몸에 꽉 붙이고 나침반을 배 앞에서 들어.

- **기준은 북쪽으로!**
나침반을 천천히 돌려서 북쪽 가리키는 바늘이 나침반에 표시된 북쪽이랑 일치하게 해. 쉽지?

- **지도와 정렬해**
지도가 북쪽을 정확히 향하게 돌려. 그다음에 나침반을 지금 있는 위치에 놓고 가려는 곳까지 선을 그어(진짜로 그리거나 머릿속으로). 이러면 어느 쪽으로 가야 할지 알 수 있어.

- **나침반을 너무 믿지는 마!**
갑옷으로 가득 찬 수레처럼 쇠가 많은 곳에 있으면 나침반이 제대로 작동 안 할 수 있어. 다른 데로 가서 다시 봐봐.

- **고장난 나침반을 주의해**
나침반은 쉽게 망가져. 바늘이 자유롭게 움직이는지, 항상 같은 방향 가리키는지 확인해. 고장 났나 걱정되면 제대로 작동하는 다른 나침반으로 확인해봐.

- **안전한 장소에 보관해**
지도처럼 나침반도 잃어버리거나 부수고 싶진 않잖아? 쉽게 꺼낼 수 있지만 떨어뜨리거나 잃어버리거나 망가질 위험 없는 곳에 보관해!

말 타는법

이 카짓이 먼저 말해둘 게 있어. 상인 여행에서 말은 그냥 동물이 아니야. 우리의 생명줄이자 가장 소중한 동반자라고! 빠른 이동은 물론이고 무거운 짐도 거뜬히 날라주는, 말 그대로 우리의 전부라고 할 수 있지.

우리 반다리들은 특별히 꾸며진 행상용 말들을 자랑스럽게 타고 다녀. 이 말들은 장거리 여행을 위해 특별히 훈련받았거든! 하이 락에 가면 정말 다양한 말들을 만날 수 있어. 힘이 어마어마한 콜스모크 포지 말부터, 튼튼하기로 유명한 위치 나이트 차저까지. 탐리엘의 말들은 마치 이 땅의 문화만큼이나 다채롭다니까! 근데 이렇게 여행하다 보면 문제도 많고 위험할 때도 있어. 뭐가 잘못될 수 있을까? 어떻게 하면 이런 어려움을 잘 해결할 수 있을까? 이 카짓의 지혜를 들어봐. 참고로 이 카짓은 실트 스트라이더나 곰같은 이상한 탈것 타고 다니는 사람들한텐 조언해줄 게 없어. 그런 특이한 건 다른 안내서를 보던가 해야해...

말 돌보기

훌륭한 말 한 마리를 살 정도의 재력이 있다면, 그만큼 책임감도 있어야 해. 말도 우리처럼 감정이 있는 생명체거든. 건강하고 행복한 말은 여행도 그만큼 순조롭게 만들어준다고!

건강 상태 확인

여행 전에는 꼭꼭 말의 건강 상태를 확인해야 해. 마치 네가 긴 여행 전에 의사를 찾아가는 것처럼! 말 건강에 대해 잘 모르겠다고? 걱정 마. 대부분의 마을에는 이런 걸 전문적으로 봐주는 마구간 주인들이 있어. 약간의 셉팀은 들겠지만, 이건 정말 필요한 투자야.

편자의 중요성

말에게 편자는 우리의 신발이나 마찬가지야. 아니, 어쩌면 더 중요할지도 몰라! 여행 경로에 따라 다른 종류의 편자가 필요할 수 있거든. 진흙 많은 길은 징이 박힌 편자가, 바위가 많은 산길은 미끄럼 방지 편자가 필요하지. 여행 전엔 꼭 장제사를 만나봐. 그네들은 발굽 상태도 점검해주고, 여행 경로에 맞는 최적의 편자도 추천해줄 거야. 이 카짓의 경험상, 길에서 편자가 떨어지는 것만큼 짜증 나는 일도 없다고!

의료 용품

말도 다칠 수 있어. 그래서 응급 처치용품은 필수지! 큰 붕대, 상처 연고, 기본적인 약들, 그리고 (이건 정말 추천하는데) 말 건강 관리 안내서 같은 것들. 이런 물품들은 한곳

에 잘 모아두고, 같이 가는 동료들한테도 어디 있는지 꼭 알려줘.

정기적인 휴식

여행에 단련된 말들은 하루 종일 달릴 수 있어. 하지만 그래도 적절한 휴식은 꼭 필요해. 풀도 뜯고, 물도 마시고, 다리도 좀 쉬게 해줘야지.

특히 말이 지친 기색을 보이면 바로바로 쉬게 해줘야 해. 이런 신호들을 잘 봐.

• 평소보다 느려진 걸음걸이

대부분 생물이 다 그렇듯이, 말도 힘들면 천천히 가려고 해.

- **명령에 늦게 반응하거나 둔한 반응**
  말이 피곤할수록 돌아가라고 하거나 서라고 해도 늦게 반응해.

- **채찍질해도 속도를 못 내는 경우**
  이건 고집부리는 게 아니라 진짜 피곤한 거일 수 있어.

- **조정력 감소**
  말이 비틀거리거나 흔들리거나 평소엔 피했을 장애물에도 부딪힐 수 있어.

- **머리와 목의 움직임 증가**
  가려운 것처럼 보일 수 있는데, 이것도 피곤한 신호일 수 있어.

- **거친 숨소리**
  너나 이 카짓처럼, 피곤한 말도 숨을 거칠게 쉬기 시작해.

이런 신호가 보이면? 즉시 휴식! 피곤한 말은 제대로 된 여행이 불가능해. 그리고 다치기라도 하면? 아무리 급해도, 잠깐의 휴식이 부러진 다리를 고치는 것보다는 훨씬 나을 거야.

음식과 물

말도 우리처럼 규칙적으로 먹고 마셔야 해. 3~6시간마다 물을 마시게 해주는 게 좋아. 이때 잠깐 쉬면서 근처 풀도 뜯어 먹을 수 있지.

먹이는 말의 크기, 이동 거리, 주변 환경, 그리고 (그래, 말도 이런 게 있어!) 개인적인 취향에 따라 달라져. 건초를 좋아하는 말도 있고, 곡물을 더 좋아하는 말도 있지. 이런 건 출발 전에 전문가한테 물어보는 게 좋아. 특히 마구간 주인들은 이런 조언을 아주 잘 해준다고!

식사 시간은 우리랑 비슷해. 아침, 점심, 저녁으로 나눠서 주면 돼. 이 카짓은 보통 자기가 밥 먹을 때 말한테도 같이 먹이는데, 이게 꽤 편하더라고!

지형 확인

마지막으로 정말 중요한 거! 말도 우리처럼 익숙한 환경이 있어. 평생 사막에서만 살던 말한테 갑자기 바위투성이 산길을 가자고 하면 곤란하겠지?

네 말이 어떤 지형에 익숙한지 잘 파악하고, 여행 경로에서 만날 수 있는 어려움도 미리 생각해봐. 가능하다면 그 지역 말을 구하는 게 가장 좋아. 근데 그게 안 되면? 천천히 가면서 말이 새로운 환경에 적응할 시간을 충분히 줘.

특히 산길이나 사막, 늪지같이 험한 곳에선 말의 상태를 더 자주 확인해야 해. 이 카짓도 한번은 평지에서만 살던 말을 데리고 산길을 갔다가 혼난 적이 있거든... 그 이후론 항상 신중하게 계획을 세우고 있어!

편자 벗겨짐

말의 편자가 벗겨졌다고? 이건 정말 귀찮은 상황이야. 심각한 문제로 이어질 수도 있지. 근데 걱정 마! 이 카짓이 어떻게 해결하면 좋을지 알려줄게.

• 예방이 최선!
평판 좋은 장제사를 미리 알아둬. 그리고 말을 정기적으로 장제사에게 데려가서 새 편자도 박고. 이 사람들 값어치는 몸값만큼 나가. 아, 그리고 진흙 많은 곳도 조심하고! 편자가 쏙 빠지기 딱 좋거든!

• 말 상태 확인하기
편자 벗겨진 걸 알면 바로 발을 확인해. 말의 발굽이 다친 것인지, 못이 아직 박혀있는지 봐. 편자 일부가 남아있으면 빼내는 게 중요해. 말이 다칠 수도 있거든. 그래서 장제용 도구를 갖고 다니면 좋지.

• 말의 부담을 줄여주자
편자 없는 말은 정말 취약해. 발굽도 다치기 쉽고, 근육도 쉽게 뭉치고, 심각한 타박상도 생길 수 있지. 그러니까 새 편자 박을 때까진 최대한 말을 안 타는 게 좋아. 짐도 최대한 덜어주고.

• 장제사를 찾아서
대부분 마을엔 말에 대해 잘 아는 사람이 있을 거야. 특히 하이 락처럼 말을 많이 타는 데는 더더욱. 가능하면 장제사한테 가서 굽 상태도 보고 새 편자도 박아.

• 낫는데는 시간이 필요해
혹시 편자가 벗겨지면서 말이 다쳤다면? 아무리 급해도 치료할 시간은 줘야 해. 장제사가 하라는 대로 따르는 게 좋아. 그래야 나중에 더 큰 문제가 안 생기거든.

결국, 말도 우리의 소중한 동반자야. 수레나 배를 관리하듯이, 말도 세심하게 돌봐줘야 해. 말이 힘들어할 때 적절한 휴식을 주고 부담을 덜어주면? 그만큼 여행도 더 즐겁고 순조로워질 거야.

오시머

많은 상인들이 오시머를 두려워한다는 게 이 카짓은 정말 안타까워. "야만적이고 폭력적"이라는 편견 때문에 좋은 거래 기회를 놓치고 있거든! 사실 오시머는 탐리엘의 다른 종족들만큼이나 풍부한 전통과 엄격한 법을 가진 자랑스러운 민족이야. 그래, 그들의 관습이 우리 눈에는 좀 거칠어 보일 수 있어. 하지만 오시머들은 자신들의 법이 비록 엄격하더라도 공정하다고 굳게 믿어. 특히 대장장이로서의 전통은 정말 대단해. 이 카짓이 본 오시머 대장장이의 작품들은 정말... 숨이 멎을 정도였다니까! 게다가 전사로서도 훌륭해. 어떤 레드가드나 노드 전사와 맞붙어도 절대 밀리지 않을 거야

오시머들은 이제 탐리엘 전역에 퍼져 살고 있어. 전통적인 부족 생활을 하는 이들도 있고, 더 나은 삶을 찾아 도시로 간 이들도 있지. 가장 큰 오시머 정착지는 하이 락의 자랑, 오시니움이야. 정말 인상적인 도시라고!

요새

전통적으로, 오시머는 족장이 이끄는 요새에서 부족 단위로 살아. 요새에는 많은 수의 남녀 오시머가 있지만, 족장만이 아내를 맞이하고 아이를 낳을 수 있는 유일한 남자야. 부족의 다른 남자들은 족장 자리를 놓고 도전할 수 있는데, 자리를 차지하려면 공정한 싸움으로 족장을 죽여야 해.

족장은 여러 명의 아내를 두는데, 그중 몇은 특별한 직위를 가져. 포지와이프는 모든 대장장이랑 무기고를 맡고, 하스와이프는 청소, 요리, 바느질 같은 집안일을 지휘하지. 실드와이프는 족장을 지키는 역할이야. 요새의 나이 든 여자들, 보통 족장의 어머니들은 현녀라고 불려. 이 사람들이 육체적, 정신적 치유를 맡아.

족장의 자식들도 정해진 길이 있어. 아들들은 언젠가 아버지와 싸울 날을 위해 훈련하고, 딸들은 보통 다른 부족과의 동맹을 위해 결혼하지. 하지만 재미있는 건, 이게 절대적인 규칙은 아니라는 거야! 군인이 되거나, 용병이 되거나, 도시로 가서 대장장이가 되는 경우도 많아.

종교와 전통

오시머는 주로 저주랑 맹세의 프린스인 말라카스를 섬겨. 옛날에 오시머가 트리니막이라는 신성한 존재를 따르는 엘프였대. 근데 어느 날 보에디아가 트리니막을 삼키고 말라카스라는 걸 배설했다나 뭐라나. 이게 신이랑 그 추종자들을 오시머로 바꿔버리고 추방자로 저주했대.

오시머는 저주랑 맹세의 프린스인 말라카스를 섬겨. 옛날에 오시머는 트리니막이라는 신성한 존재를 따르는 알드머였대. 근데 어느 날 다른 데이드릭 프린스인 보에디아가 트리니막을 삼키고 똥을 쌌더니 말라카스가 되어 버렸다나 뭐라나. 자신들이 믿던 신이 타락해 버리자 트리니막을 따르던 알드머들도 타락해 오시머로 변해 버리고 추방되었대. 음... 아직도 무슨 말인지 이해가 안 되는 이야기야.

중요한 건, 오시머들이 자신들의 '추방자' 신분을 오히려 자랑스럽게 여긴다는 거야. 이게 그들을 말라카스와 더 가깝게 만든다고 믿거든. 말라카스는 버림받은 자들의 수호신이니까.

말라카스의 규칙

오시머는 말라카스의 규칙도 존중해. 이건 요새의 현녀이 전해주는 불문율이야. 이 규칙은 불필요한 폭력이나 도둑질, 다른 위반에 관한 결과를 정해놨는데, 이건 처벌이라기보단 대가라고 봐야 해. 금이나 물건으로 보상할 수도 있지만, 피로도 갚을 수 있어.

피의 대가는 네가 생각하는 것보다 더 문자 그대로일 수 있어! 피해 본 사람이 자기한테 잘못한 사람의 피를 만족할 때까지 뽑을 권리가 있거든. 어떤 부족은 진짜로 흘린 피의 무게까지 재! 예상했겠지만, 이러다 죽을 수도 있고, 실제로도 그랬어. 이게 바로 말라카스의 규칙이야.

이 카짓이 해줄 수 있는 조언은? 만약 네가 그 규칙을 어겼다면, 피를 뽑히기 전에 네가 가진 모든 셉팀, 모든 물건, 심지어 네가 입고 있는 옷까지 줄 수 있는 건 다 줘버려! 개네들이 피를 뽑는 방식을 네가 좋아하지 않을 테니까.

도시 오크

많은 오시머가 도시나 마을에서 살기를 선택해서 도시 오크라고 불려. 요새에 사는 오시머들한테 무시당하는데, 이런 선택 때문에 약해졌다고 생각하거든. 보통 도시 오크는 자기가 살게 된 곳의 전통을 따르고 있어. 예를 들어, 데거풀의 오시머는 브레튼만큼 친절할 거야.

결론

하이 락은 정말 특별한 곳이야. 다정한 브레튼부터 엄격한 오시머까지, 안개 낀 절벽부터 울창한 숲까지... 네가 용기만 있다면, 모든 모퉁이에서 새로운 모험이 기다리고 있어! 오시머 요새에 갈 배짱만 있다면, 평생 볼 수 없을 것 같은 놀라운 무기와 용맹한 전사들도 만날 수 있지.

근데 잊지 마. 모험엔 항상 위험이 따르는 법이야. 목적지까지 가는 것부터, 너와 네 말이 무사히 돌아오는 것까지... 준비가 정말 중요해. 하지만 이제 이 카짓의 이야기를 들었으니, 넌 충분히 준비됐다고 봐!

발렌우드

발렌우드에 발을 들이기 전까지는 진짜 숲을 본 적 없는 거야. 임페리얼들이 '탐리엘의 정원'이라고 부르는 이유가 있다니까!

어떤 나무는 도시의 가장 높은 건물보다도 더 크고... 심지어 걷기까지 한다고! 처음에는 이 카짓의 눈을 의심했지. 나무가 걷다니? 하지만 진짜야! 스카이림의 눈처럼 울창하고 푸른 식물들이 하늘을 가릴 정도로 빽빽하게 덮고 있어!

탐리엘 남서쪽 해안가에 있는 발렌우드는 위치가 말해주듯 따뜻해. 근데 해머펠처럼 건조하게 더운 게 아니라 습해서... 음, 가끔은 숨 쉬는 것만으로도 땅에서 물에 빠진 것 같은 기분이 들 정도야. 자다샤의 털은 이곳에서 항상 눅눅했다고!

어떤 사람들은 발렌우드가 그냥 끝없는 정글밖에 없다고 생각하는데, 그건 완전 착각이야. 이 카짓이 알기론 이곳에도 되게 다양한 지역이 있어. 남동쪽에 가면 울창한 그랏우드가 있는데, 거기엔 하늘을 찌를 듯한 거대한 그랏트오크 주변으로 신비로운 엘든 루트가 있어. 남서쪽엔 그린셰이드라고, 작은 숲이랑 빈터, 초원도 있고 늪지대도 있지. 북서쪽으로 가면 말라발 토르라는 곳이 있는데, 그랏우드보다 더 울창한 정글이야. 발렌우드의 영적인 중심지라는 실베나도 거기 있어. 북동쪽엔 리퍼스 마치라는 데가 있어. 숲이 엘스웨어의 사바나랑 만나면서 점점 없어지는 곳이지. 마치 두 세계가 부드럽게 섞이는 것 같아.

보스머들은 나무 위에서 살아가는 독특한 엘프들이야. 작고 날렵한 우드 엘프들은 알트머랑 던머 친척들처럼 호화로운 궁전이나 도시에서 살지 않아. 그들이 말하는 '세련된' 생활방식이란 게 보스머들 눈에는 그저 오만방자해 보일 뿐이지. 대신에 자연과 하나 되어 살아가는 걸 선택했어. 나무 사이에서 짐승의 이빨이랑 가죽으로 몸을 치장하면서 소박하게 살아가.

근데 이런 단순한 삶을 살아간다고 게네가 단순한 사람들이라고 생각하면 큰 오산이야! 보스머들은 여우만큼이나 영리하고 교활해. 게네 중에는 탐리엘에서 손꼽히는 학자들도 있고, 베테랑 상인이나 그림자처럼 움직이는 정찰병, 눈 깜빡할 새 주머니를 털어가는 도둑들도 많다구.

녹색 조약

보스머들이 숲이랑 얼마나 깊은 유대를 맺고 사는지 알아? 그들은 절대로, 정말 절대로 숲의 풍요로움에 손대지 않아. 먹을 것도, 입을 것도 식물에서는 안 가져가. 대신 나무 사이에서 수렵과 채집으로 살아가면서 고기만 먹고 물이랑 우유만 마시지. 심지어 술도 우유랑 고기 즙으로 만드는데, '로트메스'라는 역겨운 음료야. (그래, 우리 카짓이 문 슈거를 발효시키듯이 그런 역겨운 액체를 발효시켜. 이 카짓은 이것에 대해 더 말하고 싶지 않아!)

이런 특이한 생활방식은 그냥 취향이 아니야. '녹색 조약'이라는 엄청나게 중요한 신념에서 비롯된 거지. 전설에 따르면 자연의 여신 이프레가 처음으로 '그린'이라고 불리는 이 위대한 숲을 만들었대. 그녀는 그린에게 스스로 모양을 바꿀 수 있는 신비한 힘을 줬어. 이게 첫 번째 이야기래. 그 다음엔 이 놀라운 이야기를 전할 자들이 필요했지. 그래서 보스머를 만들었고, 이게 두 번째 이야기가 됐어. 이프레는 자기가 만든 것들을 너무나 사랑해서 보스머들한테 엄중하게 경고했대. 절대로 자기 모습이나 그린의 모습을 바꾸지 말라고. 그래서 보스머들은 자기 몸을 변형하거나 숲을 해치는 걸 절대적 금기로 여겨.

대신에 보스머들은 자연의 도움을 청할 수 있는 특별한 능력을 받았어. 살아있는 나무 뿌리더러 은신처를 만들어달라고 부탁하면 나무뿌리가 스스로 움직여 집을 만든다니까! 그 대가로 보스머들은 광신도처럼 발렌우드를 지켜. 그린을 망치려는 놈들한텐 절대 자비를 베풀지 않아.

자, 이제 발렌우드에서 살아남는 첫 번째 비결을 알려줄까?

식인

녹색 조약에 따르면, 보스머들은 옷을 만들든, 도구를 만들든, 집을 꾸미든, 뭘 먹든 간에 오직 동물에서 나온 재료만 써. 사냥한 짐승은 한 조각도 버리지 않아. 뭐라도 버리는 건 큰 죄악이래. 여기까진 그렇게 충격적이진 않지.

근데 진짜 소름 돋는 건 이제부터야. 이 원칙을 쓰러뜨린 적한테도 똑같이 적용한다는 거지. 그래, 맞아. 너든 이 카짓이든 결국 동물이잖아? 이건 꼭 말해줘야겠다고 생각했어.

그래 너가 이해한 게 맞아. 만약 네가 적이 되는 순간 널 잡아먹고 네 뼈로 도구를 만드는 보스머들이 있다는 거야. 짐승이든 머든 카짓이든, 죽인 적의 모든 것을 남김없이 사용하지. 이래서 많은 상인들이 발렌우드를 피해 돌아가는 거야. 그냥 죽는 것과 누군가의 저녁 식사가 되는 건 차원이 다른 문제잖아!

이 카짓이 말해주는데, 이 보스머들은 (아마도) 식인 행위 자체를 좋아하는 게 아니라, 쓸 수 있는 걸 낭비하지 않는 게 자기들의 의무라고 생각하나 봐. 전투나 자기방어로 다른 사람을 죽인 후에만 이런 짓을 한대. 그러니까 소문처럼 인간 사냥을 즐기진 않을 거야. 대부분은 말이야...

보스머의 식탁에 오르지 않으려면 이 조언들을 잘 새겨들어.

- **조심스럽게 발걸음을 옮겨**
발렌우드 곳곳에는 다양한 보스머 부족들이 살고 있어. 어떤 부족은 탐리엘의 그 어느 종족보다도 손님을 후하게 대접하지. 근데 반대로 자기들 영역에 들어온 외지인은 죽이고 보는 부족도 있으니까, 길을 잘 선택해야 해.

- **안내인을 고용해**
발렌우드를 지나가려면 거기서 태어나고 자란 보스머만한 안내인이 없어. 특히나 식인 부족들이 있는 지역을 지날 땐 더더욱! 안내인 고용하는 데 돈을 아끼지 마.

- **녹색 조약을 지켜**
보스머들은 자기들 숲이 망가지는 걸 병적으로 싫어해. 실수로 그런 거라도 말이야. 발렌우드에 있는 동안은 그들의 관습을 철저히 지켜. 나뭇잎 하나라도 꺾지 마. 그러다간 네가 꺾여나갈 거야!

식단에 고기 추가

탐리엘의 다른 지역에선 마을마다 식료품점이 있어서 여행자들이 쉽게 먹을거리를 구할 수 있지. 근데 발렌우드는 달라. 물론 장사하는 보스머들도 있긴 하지만, 그런 친절한 마을 찾기가 하늘의 별 따기야. 게다가... 솔직히 말하면 걔네가 파는 게 정확히 뭔지 장담할 수 없다고. 그 고기가 정말 순수한 짐승고기일까? 아니면... 음, 넌 알지? 이런 위험한 도박을 즐길 미친 여행자는 많지 않을 거야.

그래서 발렌우드에선 다른 어떤 지역보다도 네 손으로 직접 저녁거리를 사냥하는 게 현명해.

사냥하는 방법

평생을 사냥 기술 연마하는데 바치는 사람들이 수두룩하지만, 기본적인 사냥 실력은 누구나 익힐 수 있어. 네가 살아남는 데 도움될 만한 핵심 팁들을 알려줄게.

- **철저하게 준비해**

이쯤 되면 이 카짓이 준비의 중요성을 왜 이렇게 강조하는지 알겠지? 도구는 완벽한지, 사냥하느라 원래 가려던 길에서 너무 멀리 벗어나진 않을지, 날씨는 사냥하기 적당한지 꼼꼼히 확인해. 비 오는 날 사냥은 맑은 날보다 열 배는 더 힘들다고.

- **미리 확인해 둬**

시간 좀 들여서 주변을 살살이 둘러봐. 동물들이 다니는 길, 트인 공간, 물가 같은 지형지물을 머릿속에 새겨둬. 이러면 먹잇감들이 어디서 풀을 뜯고 물을 마시는지, 네가 어디서 숨어야 하는지 훨씬 잘 알 수 있어.

- **냄새를 감춰**

사냥감들은 개보다도 후각이 예민해. 네 냄새를 지우고 숲과 하나가 되는 게 핵심이야. 발렌우드 사냥꾼들은 진흙이나 피, 그리고... 차마 말 못할 것들로 자기 냄새를 감춰. 덜 극단적인 방법을 원한다면 솔잎이나 삼나무 잎을 손바닥으로 비벼서 그 즙을 옷에 문지르는 것도 좋아. 근데 여기서 중요한 건 이미 떨어진 잎만 써야 한다는 거야! 살아있는 식물은 건드리면 안 돼, 녹색 조약 위반이거든. (이 카짓은 떨어진 잎 정도야 괜찮을 거로 생각하지만... 확실히 하고 싶으면 보스머 친구한테 물어보는 게 좋겠어.)

아니면 그냥 평범한 사냥용 향유를 들고 다녀. 사실 이게 제일 안전해. 이런 기본적인 도구는 현지 부족이나 상인들한테 쉽게 구할 수 있어.

- **장소를 선택하고 기다려**

 사냥의 90%는 기다림이야. 먹잇감이 네게 다가올 때까지 인내심을 가지고 기다려야 해. 그만큼 숨을 자리 고르는 게 엄청 중요하지. 높은 능선에서는 멀리 있는 사냥감도 잘 보여. 들판이나 빈터 가장자리도 괜찮아. 먹잇감들이 자주 그런 데로 나오거든. 동물들이 하루 종일 다니는 자연스러운 길목의 교차점도 최고의 사냥터야.

 자리를 정했으면 꼭 바람을 맞대고 숨어. 이러면 네 냄새가 사냥감한테 퍼지는 걸 막을 수 있어.

 근데 명심해. 사냥하기 좋은 자리는 다른 사냥꾼들도 노린다는 거야. 특히 발렌우드에선 보스머 사냥꾼들이 이미 최고의 자리를 다 차지하고 있을 거야!

 가장 중요한 건, 어디에 숨든 깔끔하게 화살을 쏠 수 있어야 해. 보통은 먹잇감이 경계하기 전에 화살 한 발 쏠 시간밖에 없어. 그 한 발을 치명상으로 만들어야 해.

- **소리는 금물!**

 동물들은 귀가 엄청 밝아. 발렌우드를 걸을 때는 유령처럼 조용히 움직여. 실수로 소리를 냈다면 한동안 바위처럼 가만히 있어. 이러면 네 존재를 눈치챈 먹잇감도 시간이 지나면 경계를 풀 거야..

- **돌아가는 것도 나쁘지 않아**

 길이나 발자국을 따라가면 편하겠지만, 그런 데 네 흔적이 남으면 사냥감들이 네 존재를 금방 알아차려. 보스머들은 나무 위로 다니면서 이런 걱정을 피하지만, 넌 아마 그럴 순 없겠지? 덜 다니는 길로 돌아가더라도 네 존재를 숨기는 게 더 중요해.

 이 까짓것 하나 알려줄게. 먹잇감의 습성을 알면 알수록 사냥 성공률도 올라가. 걔네가 언제 움직이고, 어디를 좋아하는지 연구해봐. 대부분의 사냥감은 포식자를 피하려고 해 뜰 때나 질 때 활동한다고. 그러니까 새벽부터 일어나거나 한밤중까지 기다려야 할 수도 있어. 뭐, 이게 진정한 사냥꾼의 삶이지.

- **기다림은 성공의 어머니**

 사냥의 진짜 묘미는 기다림이야. 많은 동물들이 포식자를 피하려고 하루 대부분을 숨어서 지내거든. 오래 앉아있을 각오를 해. 물이랑 도시락은 필수고, 엉덩이 아프지 않을 편한 자리를 골라. 해 뜨고 질 때까지 거기 있어야 할지도 모르니까.

- **정확한 한발을 노려**

 화살 하나 맞췄다고 사냥이 끝난 게 아니야! 다친 놈들 대부분이 "아, 죽었다~" 하면서 가만히 있진 않을 거야. 필사적으로 도망칠 테고, 네가 그 뒤를 쫓아야 해. 여기서부터가 진짜 사냥의 시작이라고.

- **아쉬워 말고 추적해**
  제일 중요한 건 동물이 어디서 화살을 맞았는지 정확히 아는 거야. 특히 네가 멀리서 쏘았다면 더더욱! 동물이 그 자리에서 쓰러졌으면 다행이지만, 보통은 도망가. 맞은 자리가 추적의 시작점이 되는 거야.

- **도망가게 놔 둬**
  당연한 얘기지만 쫓아가면 도망가. 더 빨리, 더 멀리. 그러니까 바로 뒤쫓지 말고 잠깐 기다려. 동물이 피를 흘리면서 지치게 두는 거야. 조급하게 굴면 며칠 뒤에도 못 찾을 수 있어.

- **조심스럽게 접근해**
  동물이 죽은 것 같아도 방심하면 안 돼. 그냥 기절했거나 쉬고 있을 수도 있거든. 멀리서 돌멩이라도 던져서 반응을 보는 게 좋아. 갑자기 일어나서 달아나면... 뭐, 다시 추적 시작이겠지.

- **핏자국을 찾아**
  추적의 핵심은 피야. 땅에 떨어진 핏방울, 나무에 문질러진 자국, 잎사귀에 묻은 피까지... 이런 흔적들이 네 길잡이가 될 거야. 시간이 지날수록 피가 말라 흔적이 희미해지니까 빨리 움직여야 해.

- **빠르게 끝내줘**
  마침내 동물을 찾았다면 고통을 빨리, 깔끔하게 끝내줘. 보통은 목을 베거나 심장을 찌르지. 손이 떨리더라도 기도는 잊지 마. 이 생명은 네가 살아남기 위해 가져가는 거니까.

- **현장에서 손질하는 방법을 배워둬**
  식인 얘기는 제쳐놓고... 보스머들 말대로 목숨을 헛되이 가져가선 안 돼. 사냥감을 빨리 손질하는 기술을 익혀두면 귀한 고기가 썩는 걸 막을 수 있어. 이건 그 자체로 하나의 예술이야. 글로 설명하기보단 경험 많은 사냥꾼한테 직접 배우는 게 훨씬 나을 거야.

이 까짓이 마지막으로 한마디 하자면... 사냥은 단순히 먹을 걸 구하는 게 아니야. 자연과 하나 되는 경험이지. 물론 발렌우드에서 그 '하나 됨'이 좀 극단적인 방향으로 흐를 수도 있겠지만... 하하, 농담이야! ...절반만.

낚시하기

발렌우드의 숲은 놀라운 곳이야. 사냥할 만한 짐승들도 많지만, 시원한 강과 맑은 시냇물, 잔잔한 호수도 가득하다고! 낚시는 사냥만큼 인내심이 필요하지만, 여러모로 더 매력적인 선택이 될 수 있어. 특히 사냥이 좀 부담스러운 사람들한테는 더더욱!

자, 성공적인 낚시를 위한 핵심 지식을 알려줄게.

• 준비물 갖추기

좋은 낚시는 좋은 도구에서 시작돼. 튼튼한 낚싯대, 질 좋은 낚싯줄, 녹슬지 않는 강철 바늘이 기본이야. 양동이는 필수지. 잡은 물고기도 담아야 하고, 특히 미끼용 물고기를 살려두는 데도 써. 뜰채가 있으면 커다란 물고기를 건져올릴 때 엄청 편해.

이 카짓이 사냥 얘기할 때도 했지만, 물고기는 잡자마자 손질하는 게 제일 좋아. 내장 빼낼 칼이랑 묶을 밧줄만 있으면 요리용 모닥불까지 신선하게 가져갈 수 있지.

아, 그리고 잊을 뻔했는데... 녹색 조약 때문에 요리 불 피우는 게 좀 까다로워. 자연스럽게 떨어진 마른 나무가 필요한데, 발렌우드의 축축한 숲에서 이걸 구하는건 정말 사막에서 바늘찾기나 다름없어. 아니면 석탄이나 이탄을 사용하는 것도 괜찮은데, 이것도 구하기는 쉽지 않을거야. 만약 이런 게 모두 없다면... 음, 날로 먹던가 보스머들 몰래 불 피우던가. 선택은 네 몫이야!

• 낚시 바늘에 미끼 달기

미끼는 두 가지로 나눌 수 있어. 하나는 시장에서 파는 가짜미끼야. 금속이나 나무, 실로 만든 이 반짝이는 물건들은 작은 물고기나 벌레처럼 보이게 만들어져 있지.

더 자연스럽고(그리고 더 저렴한) 방법은 실제 미끼를 쓰는 거야. 벌레, 지렁이, 크롤러, 물고기 알... 뭐든 바늘에 꿸 수만 있으면 돼! 작은 물고기도 훌륭한 미끼가 될 수 있어. 피라미나 청어 같은 놈들은 그물로 쉽게 잡을 수 있지. 양동이에 담아두면 하루 정도는 살아있어.

• 최적의 장소 선택하기

낚시의 절반은 장소 선택이야. 더운 날엔 그늘진 곳을 찾아. 특히 물이 깊고 시원한 곳이 좋아. 물고기들도 우리처럼 뜨거운 한낮의 햇볕은 질색이거든. 게다가 낚시꾼도 시원하게 있을 수 있잖아!

시냇물에선 깊은 웅덩이를 노려봐. 물살이 센 곳 근처의 잔잔한 곳이 특히 좋아. 바위 주변의 소용돌이치는 곳도 놓치지 마. 이런 곳엔 물살이 벌레들을 몰고 오니까, 물고기들이 다음 식사 기다리면서 숨어있기 좋아하거든.

해안가에선 산호초가 황금어장이야. 수많은 물고기의 낙원이지! 물론 이런 곳들은 물 깊숙이 있어서 찾기가 쉽진 않아. 현지 어부들한테 물어보면 좋은 자리를 알려줄 거야.

- **땅에서 할까 배에서 할까?**

큰 호수나 바다, 넓은 강에선 배 낚시가 최고야. 물이 넓을수록 좋은 물고기는 더 깊은 곳에 있기 마련이거든.

하지만 걱정 마! 배가 없어도 훌륭한 낚시를 즐길 수 있어. 강둑이나 모래톱, 부두 같은 곳에서도 좋은 물고기를 만날 수 있지. 용감하다면 물속으로 들어가서 더 깊은 곳을 노려볼 수도 있어. 더운 날 시원하게 보내는 것도 덤이고!

- **황금 시간을 노려라**

한낮의 뜨거운 태양 아래에서는 물고기들도 숨어 지내지만, 새벽이나 해 질 녘엔 훨씬 적극적으로 먹이를 찾아다닌다고. 이때가 바로 낚시의 황금 시간이야. 게다가 이 시간엔 벌레들도 더 활발하게 날아다니니까 물고기들의 식욕도 최고조에 달해.

낮에 낚시할 땐 전략을 좀 바꿔야 해. 살아있는 미끼 물고기를 쓰거나 깊이 가라앉는 가짜미끼를 써봐. 한낮엔 물고기들이 수면 위 벌레는 별로 신경 쓰지 않거든.

낚싯줄 던지기

많은 초보자들이 낚시가 그저 바늘에 미끼 달아서 물에 던지면 되는 줄 알아. 하! 얼마나 순진한 생각인지!

진정한 낚시는 과학이자 예술이야. 던지기 전에 충분한 줄을 풀어둬야 하고, 바늘과 가짜미끼의 무게를 이용해서 멀리 던질 수 있어야 해. 위쪽과 바깥쪽을 겨냥해서 낚싯대를 휘두르면 줄이 멀리 날아갈 거야.

말로 하긴 쉽지만... 실제로 해보면 훨씬 복잡해. 실력 좋은 어부한테 기본기를 배우는 게 좋을 거야. 안 그러면 낚싯줄이 나무에 걸리거나 네 귀에 걸릴 수도 있다고!

배 위에서 낚시할 때 좀 게을러지고 싶다면(이 카짓은 이걸 '영리하다'고 표현하고 싶어), 트롤링을 시도해봐. 배를 천천히 움직이면서 낚싯줄을 끌고 다니는 거야. 계속 던질 필요도 없고, 그냥 배랑 같이 떠다니면 돼. 네 팔이 엄청 고마워할 거야!

낚시하기

발렌우드의 숲은 놀라운 곳이야. 사냥할 만한 짐승들도 많지만, 시원한 강과 맑은 시냇물, 잔잔한 호수도 가득하다고! 낚시는 사냥만큼 인내심이 필요하지만, 여러모로 더 매력적인 선택이 될 수 있어. 특히 사냥이 좀 부담스러운 사람들한테는 더더욱!

자, 성공적인 낚시를 위한 핵심 지식을 알려줄게.

• 준비물 갖추기

좋은 낚시는 좋은 도구에서 시작돼. 튼튼한 낚싯대, 질 좋은 낚싯줄, 녹슬지 않는 강철 바늘이 기본이야. 양동이는 필수지. 잡은 물고기도 담아야 하고, 특히 미끼용 물고기를 살려두는 데도 써. 뜰채가 있으면 커다란 물고기를 건져올릴 때 엄청 편해.

이 까짓이 사냥 얘기할 때도 했지만, 물고기는 잡자마자 손질하는 게 제일 좋아. 내장 빼낼 칼이랑 묶을 밧줄만 있으면 요리용 모닥불까지 신선하게 가져갈 수 있지.

아, 그리고 잊을 뻔했는데... 녹색 조약 때문에 요리 불 피우는 게 좀 까다로워. 자연스럽게 떨어진 마른 나무가 필요한데, 발렌우드의 축축한 숲에서 이걸 구하는건 정말 사막에서 바늘찾기나 다름없어. 아니면 석탄이나 이탄을 사용하는 것도 괜찮은데, 이것도 구하기는 쉽지 않을거야. 만약 이런 게 모두 없다면... 음, 날로 먹던가 보스머들 몰래 불 피우던가. 선택은 네 몫이야!

• 낚시 바늘에 미끼 달기

미끼는 두 가지로 나눌 수 있어. 하나는 시장에서 파는 가짜미끼야. 금속이나 나무, 실로 만든 이 반짝이는 물건들은 작은 물고기나 벌레처럼 보이게 만들어져 있지.

더 자연스럽고(그리고 더 저렴한) 방법은 실제 미끼를 쓰는 거야. 벌레, 지렁이, 크롤러, 물고기 알... 뭐든 바늘에 꿸 수만 있으면 돼! 작은 물고기도 훌륭한 미끼가 될 수 있어. 피라미나 청어 같은 놈들은 그물로 쉽게 잡을 수 있지. 양동이에 담아두면 하루 정도는 살아있어.

• 최적의 장소 선택하기

낚시의 절반은 장소 선택이야. 더운 날엔 그늘진 곳을 찾아. 특히 물이 깊고 시원한 곳이 좋아. 물고기들도 우리처럼 뜨거운 한낮의 햇볕은 질색이거든. 게다가 낚시꾼도 시원하게 있을 수 있잖아!

시냇물에선 깊은 웅덩이를 노려봐. 물살이 센 곳 근처의 잔잔한 곳이 특히 좋아. 바위 주변의 소용돌이치는 곳도 놓치지 마. 이런 곳엔 물살이 벌레들을 몰고 오니까, 물고기들이 다음 식사 기다리면서 숨어있기 좋아하거든.

해안가에선 산호초가 황금어장이야. 수많은 물고기의 낙원이지! 물론 이런 곳들은 물 깊숙이 있어서 찾기가 쉽진 않아. 현지 어부들한테 물어보면 좋은 자리를 알려줄 거야.

• **땅에서 할까 배에서 할까?**
큰 호수나 바다, 넓은 강에선 배 낚시가 최고야. 물이 넓을수록 좋은 물고기는 더 깊은 곳에 있기 마련이거든.

하지만 걱정 마! 배가 없어도 훌륭한 낚시를 즐길 수 있어. 강둑이나 모래톱, 부두 같은 곳에서도 좋은 물고기를 만날 수 있지. 용감하다면 물속으로 들어가서 더 깊은 곳을 노려볼 수도 있어. 더운 날 시원하게 보내는 것도 덤이고!

• **황금 시간을 노려라**
한낮의 뜨거운 태양 아래에서는 물고기들도 숨어 지내지만, 새벽이나 해 질 녘엔 훨씬 적극적으로 먹이를 찾아다닌다고. 이때가 바로 낚시의 황금 시간이야. 게다가 이 시간엔 벌레들도 더 활발하게 날아다니니까 물고기들의 식욕도 최고조에 달해.

낮에 낚시할 땐 전략을 좀 바꿔야 해. 살아있는 미끼 물고기를 쓰거나 깊이 가라앉는 가짜미끼를 써봐. 한낮엔 물고기들이 수면 위 벌레는 별로 신경 쓰지 않거든.

낚싯줄 던지기

많은 초보자들이 낚시가 그저 바늘에 미끼 달아서 물에 던지면 되는 줄 알아. 하! 얼마나 순진한 생각인지!

진정한 낚시는 과학이자 예술이야. 던지기 전에 충분한 줄을 풀어둬야 하고, 바늘과 가짜미끼의 무게를 이용해서 멀리 던질 수 있어야 해. 위쪽과 바깥쪽을 겨냥해서 낚싯대를 휘두르면 줄이 멀리 날아갈 거야.

말로 하긴 쉽지만... 실제로 해보면 훨씬 복잡해. 실력 좋은 어부한테 기본기를 배우는 게 좋을 거야. 안 그러면 낚싯줄이 나무에 걸리거나 네 귀에 걸릴 수도 있다고!

배 위에서 낚시할 때 좀 게을러지고 싶다면(이 카짓은 이걸 '영리하다'고 표현하고 싶어), 트롤링을 시도해봐. 배를 천천히 움직이면서 낚싯줄을 끌고 다니는 거야. 계속 던질 필요도 없고, 그냥 배랑 같이 떠다니면 돼. 네 팔이 엄청 고마워할 거야!

견지 낚시

견지 낚시는 좀 더 예술적인 방법이야. 가벼운 가짜미끼로 물 위에서 춤추듯 움직이게 하는 건데, 보통 나뭇가지랑 깃털로 만든 가짜미끼를 써. 이걸로 벌레나 개구리, 작은 물고기의 움직임을 흉내 내는 거지.

여기서 핵심은 자연스러움이야. 가짜미끼가 진짜 벌레나 물고기처럼 보여야 해. 물고기가 있을 만한 곳 위로 최대한 멀리 던지고, '스트리핑 라인'이라는 특별한 기술을 써서 가짜미끼가 물속에서 살아있는 것처럼 움직이게 하는 거야.

피해야 할 것

사냥할 때처럼 낚시도 조용함이 생명이야. 물고기들은 우리보다 훨씬 예민하거든. 시끄럽게 떠들거나, 배를 흔들거나, 발을 물에 담그고 장난치는 건 금물이야. 한 번 놀란 물고기들은 다시는 안 돌아올 수도 있다고.

그리고 주변을 잘 살펴. 네가 낚시하는 물가에 뭐가 있는지, 머리 위 나뭇가지엔 뭐가 있는지 확인해봐. 커다란 거미나 영역 표시하고 있는 살라만다만 아니라면 낚시는 꽤 평화로운 취미가 될 수 있어! 낚싯줄 던지기 전에 누가 널 노리고 있을지 미리 확인하라고.

아, 그리고 이건 기술보단 예의에 가까운데... 다른 어부 바로 옆에서 낚시하는 건 정말 무례한 거야. 누가 이미 자리 잡고 있다면 다른 데로 가. 움직일 때도 조용히, 신중하게. 그 사람이 노리는 물고기 도망가게 하면 안 되잖아!

마지막으로 제일 중요한 건, 현지 법과 관습을 존중하는 거야. 어디서 낚시해도 되는지, 어떤 물고기는 꼭 놓아줘야 하는지 미리 알아둬. 이 카짓의 말 믿어... 누군가의 신성한 호수에서 걸리고 싶진 않을 거야. 아무리 맛있는 물고기라도 그만한 가치는 없다고.

현명한 낚시 예절

이 조언들이 오늘 당장 물고기 잡는 데는 도움 안 될 수도 있어. 하지만 내일 네 자식들도 물고기를 잡을 수 있게 해줄 거야.

- **작은 물고기는 방생하기**

작은 물고기는 다시 풀어줘. 네가 자라서 알도 낳고, 더 큰 물고기의 먹이도 되어야 하거든. 큰놈만 골라 잡으면 너도 배부르고 물고기들도 계속 번성할 수 있어. 자연의 순환을 존중하는 거지.

- **다른 장소로 이동하기**

 한 곳만 고집하지 말고 여러 장소를 돌아가면서 낚시해. 물고기들이 회복할 시간을 주는 거야. 특히 산란기엔 낚시를 자제하고, 다음 세대가 태어날 시간을 줘. 어디가 좋은 낚시터인지 궁금하면 현지 어부들한테 물어봐. 오랜 세월 이 물가에서 살아온 그들이 누구보다 잘 알고 있을 테니까.

 이 카짓이 마지막으로 한마디 하자면... 낚시는 단순히 물고기를 잡는 게 아니야. 자연과 대화하는 방법이지. 때론 물고기가 안 잡혀도 괜찮아. 잔잔한 물가에 앉아 하루를 보내는 것만으로도 충분히 가치 있는 시간이 될 수 있다고.

물 구하는 법

 문 슈거를 즐기는 진짜 여행자라면 누구나 신선한 물이 항상 손에 있어야 한다는 걸 알지! 통이든, 배럴이든, 병이든, 물주머니든, 물만큼은 절대 떨어뜨려선 안 돼. 마을이나 도시를 지날 때마다 현지 우물에서 물을 보충하는 건 놓쳐선 안 될 기회야. 그게 언제나 여행의 기본 중 기본이지!

물 찾기

 마법사들은 변화 마법으로 공기에서 신선한 물을 뽑아낼 수 있지만, 우리 같은 평범한 사람들은 지혜랑 생존 안내서로 해결해야 해. 물이 떨어지면 어떡해? 어떻게 물을 찾고, 뭐가 마시기에 안전할까? 이 카짓이 알려줄게!

- **귀를 기울여봐**

 강이나 시냇물은 의외로 시끄러운 존재야. 이건 두 가지로 좋은데, 첫째론 소리만 따라가도 물을 찾을 수 있고, 둘째론 흐르는 물이 보통 마시기에도 더 안전하거든. 조용한 숲에서 귀 기울여보면 물소리는 꽤 멀리서도 들을 수 있어.

- **자연의 법칙을 이용해**

 물은 언제나 위에서 아래로 흐르기 마련이야. 말라붙어 보이는 계곡이나 도랑, 협곡이라도 따라 내려가다 보면 반드시 물을 만날 수 있어. 지형을 읽는 눈만 있다면 물을 찾는 건 어렵지 않지.

• 동물을 따라가봐
 동물들도 우리처럼 목마르단 말이야! 동물 발자국, 벌레 무리, 새들의 비행 경로... 이런 것들은 다 물로 향하는 자연의 이정표야. 특히 새벽이나 해질 녘에 동물들이 물 마시러 가는 걸 관찰해보면 좋아.

• 나무와 바위 틈새를 확인해
 바위 틈새나 나무 아래 패인 곳에도 작은 물웅덩이가 숨어있을 수 있어. 근데 이런 고인 물은 보통 그대로 마시기엔 위험해. 정화를 하든가 끓여서 마셔야 해.

• 빗물을 모아보자
 발렌우드같이 비가 자주 오는 곳에선 빗물도 좋은 수원이 될 수 있어. 근데 주의할 점이 있어. 나무나 건물에서 떨어지는 물은 오염됐을 수 있으니까, 꼭 열린 공간에서 받아야 해. 시간도 좀 걸리지만 깨끗한 물을 얻을 수 있지..

• 이슬도 마실 수 있어
 새벽 이슬도 만만치 않은 수원이 될 수 있어. 해 뜨기 전에 천이나 가죽을 풀밭에 깔아두면 이슬을 모을 수 있지. 많진 않겠지만 목마른 입술을 적시기엔 충분해. 특히 발렌우드처럼 습한 지역에선 꽤 효과적이야.

• 과일과 채소에 의존해
 과일이나 채소 안에도 물이 숨어있어. 물론 발렌우드에서 녹색 조약 때문에 이건 좀 위험한 방법이지만... 다른 지역에선 유용할 수 있다고. 수분이 많은 과일은 목마름을 달래는 데 큰 도움이 되거든.

마실 물

 자, 이제 물은 찾았어. 근데 더 중요한 게 남았지. 이게 과연 마셔도 될까? 오염된 물을 마시면 네 몸에 재앙이 찾아올 거야. 구토, 설사, 고열... 이런 증상들은 마신 물보다 더 많은 수분을 뺏어간다고. 그럼 어떤 물을 마실 수 있는지 어떻게 알 수 있을까?

 여기 안전한 물을 찾는 핵심 팁들을 알려줄게.

깨끗한 물의 징후

- **흐르는 물을 찾아라**
  강이나 시냇물처럼 계속 움직이는 물이 가장 안전해. 특히 상류에서 받은 물이 최고지. 물이 흐르면서 자연적으로 정화가 되거든. 강 하류로 갈수록 오염 가능성이 높아지니까, 최대한 상류를 노려봐.

- **지하수를 찾아라**
  지하수는 찾기는 어렵지만, 보물 같은 존재야. 땅이 자연적으로 걸러준 덕분에 순수하고 깨끗하지.

- **맑고 깨끗한 물의 특징**
  맑고 투명한 물, 상쾌한 맛과 깔끔한 냄새는 자연이 주는 안전 신호야. 이런 물은 대부분 마셔도 괜찮아.

- **동물들이 마시는 물을 찾아라**
  야생 동물들이 마시는 물은 보통 안전해. 하지만! 이 카짓이 특별히 강조하고 싶은 게 있어. 동물들은 우리보다 훨씬 더 독한 위장을 가졌다고. 게네가 마신다고 네가 꼭 마셔도 되는 건 아니야!

오염된 물의 징후

- **고인 물의 위험성**
  움직이지 않는 물은 위험의 온상이야. 작은 물웅덩이일수록 더 위험하고, 연못이나 호수도 마찬가지야. 겉으론 평화로워 보여도 온갖 쓰레기, 죽은 식물, 미생물들의 소굴이 될 수 있어.

- **탁한 물은 피하자**
  탁하고 갈색 빛이 도는 물, 이상한 맛과 냄새가 나는 물은 절대 마시지 마. 목이 아무리 말라도 한 모금 마시기 전에 냄새부터 확인해봐.

- **마시면 안 되는 액체들**
  절망적일 때 오줌이나 땀, 피, 심지어 바닷물까지 마시고 싶을 수 있어. 하지만 이건 자살 행위나 다름없어! 이런 액체들은 다 염분이 많아서 오히려 탈수를 더 빠르게 만들 거야. 최악에는 목숨까지 위험해질 수 있다고.

마실 수 있는 물 만들기

아무리 더러운 물이라도 희망은 있어! 오염된 물도 몇 가지 방법으로 마실 만하게 만들 수 있지.

- **흐린 물 가라앉히기**

가만히 두면 흙이랑 부유물은 시간이 지나면서 바닥으로 가라앉아. 물통에 담아두고 맑아질 때까지 기다리면 돼. 위쪽의 맑은 물만 조심스럽게 따라 마시면 되는 거지.

- **끓이면 안전해**

가라앉힌 물을 끓이면 대부분의 위험한 것들은 사라져. 식히고 나면 훨씬 안전하게 마실 수 있어. 발렌우드에선 불 피우는 게 까다롭긴 하지만... 목숨이 달린 문제라면 방법은 찾을 수 있겠지?

- **마법으로 정화하기**

운 좋게 마법사를 동행자로 두고 있다면 정화 마법으로 쉽게 해결할 수 있어. 마법 물품 상인들도 정화 가루를 파는데, 꼭 마법사 길드처럼 믿을 만한 곳에서만 사야 해. 이상한 데서 산 정화 가루는 독약이 될 수도 있으니까!

결론

발렌우드는 정말 놀라운 곳이야. 보석처럼 반짝이는 식물들, 하늘을 찌를 듯한 거대한 나무들, 그리고 더 많은 경이로움이 널 기다리고 있지. 모든 보스머가 외지인을 반기는 건 아니지만, 이 카짓의 경험상 꽤 많은 녀석들이 친절하더라고. 보스머 이야기꾼들이 말하는 신비한 이야기도 듣고, 가죽 드럼 소리에 맞춰 춤도 춰봐. 정말 용감하다면(아니면 진짜 바보라면) 게네 특제 음료 로트메스도 한번 도전해볼 수 있어!

하지만 잊지 마. 발렌우드도 탐리엘의 다른 땅들처럼 존중받아야 해. 식인종 부족을 피해 다니든, 다음 식사거리를 사냥하든, 이 숲에 발을 들이기 전에 잘 생각하고 준비해야 해.

그린이 널 환영할 순 있지만... 과연 살려 보내줄진 모르지! 다행히도 이제 이 카짓의 지혜가 네 안에 있으니, 넌 빠르고 영리하고 현명한 여행자가 됐어!

서머셋 제도

서머셋 제도에 발을 들이기 전까진 그 누구도 진짜 아름다운 곳을 본 적 없다고들 해. 알트머의 섬인 서머셋은 따뜻한 날씨랑 완벽하게 어울리고, 알록달록한 잎을 가진 나무들로 가득한 화려한 숲이 있어.

금빛으로 빛나는 우아한 초원을 걷다 보면 우연히 전설 속에서 튀어나온 것 같은 멋진 인드릭이랑 마주칠 수도 있고, 수정처럼 반짝이는 섬의 절벽을 올라가다 보면 구름 사이로 날아가는 장엄한 그리핀을 볼 수도 있지. 서머셋 제도의 숨 막히는 자연 아름다움은 도시들의 신기한 것들이랑도 완벽하게 어울려. 수백 년에 걸쳐 하나하나 정성스레 다듬은 벽돌이랑 건물들이 마치 요정들의 환상 이야기에서 뜯어온 것 같거든!

서머셋을 고향이라 부르는 하이 엘프 알트머들은 자기네 섬만큼이나 우아해. 외모부터 걸음걸이, 말투, 집까지 모든 게 가능한 한 최고 품질로 꼼꼼하게 만들어져. 마치 완벽한 보석을 깎아 만든 것처럼! 이런 완벽함은 마법 능력에서도 보이는데, 탐리엘에서 알트머들처럼 대단한 걸 자랑할 수 있는 놈들이 거의 없어. 그런데 왜 서머셋 거리에 전 세계의 제작자랑 상인, 마법사들이 가득하지 않을까?

그건 알트머들이 탐리엘의 다른 어떤 종족보다도 외부인을 싫어하기 때문이야. 게네 말로는, 네가 알트머가 아니면 서머셋의 화려함을 누릴 자격이 없대. 흥! 마치 달빛이 자기들만의 것이라고 주장하는 것처럼!

그래서 이렇게 완벽하고 그림 같은 섬에서도 해안에 발 들이는 사람들한텐 여전히 생존 팁이 필요해. 이건 이 카짓을 믿어!

마법과 마법사

마법은 탐리엘 전역에 스며들어 있지만, 이 카짓이 보기엔 서머셋만큼 일상적으로 마법을 뽐내는 곳은 없어. 거리마다 빛나는 마법 등불, 하늘을 나는 마법사들, 그리고 심지어 요리할 때도 마법을 쓴다니까! 그래서 이 마법의 섬에 발을 들이려는 자들은 최소한 이 신비한 예술의 기본은 알아둬야 할 거야.

주문

마법을 쓰는 방법은 정말 다양해. 근데 가장 기본이 되는 건 주문을 외우는 거야. 마법사들은 자기 안에 있는 마력으로 세상을 이리저리 비틀어놓지. 재밌는 건 마법사마다 주문 외우는 방식이 조금씩 달라. 어떤 이는 고대어로 중얼거리고, 어떤 이는 손을 휘두르고, 또 어떤 이는 그냥 생각만으로도 마법을 부린다고! 하지만 다행히도 모든 마법은 몇 가지 주요한 학파로 나눌 수 있어. 여기 이 카짓이 정리한 마법 학파들을 소개할게

- **파괴 마법**

 이름 그대로야! 무언가를 부수고 해치는 게 목적이지. 순수한 마력의 화살을 쏘거나, 불덩이를 날리거나, 얼음 창을 만들어내지. 전투에서 특히 유용해. 적이나 물건을 망가뜨리고 약화시키는 게 목적이면 이 학파가 딱이야.

- **회복 마법**

 이건 파괴 마법의 정반대야. 상처를 치유하고, 병을 고치고, 독을 해독하는 마법이지. 좋은 회복 마법사 한 명만 있어도 죽을 뻔한 상황에서 살아날 수 있어. 이 카짓의 조언 하나 해줄까? 회복 마법사는 꼭 친구로 만들어둬. 네 목숨을 구할 수도 있으니까!

- **소환 마법**

 소환 마법은 재밌어. 데이드릭이나 언데드 같은 다른 차원의 존재들을 불러내서 너를 돕게 하는 거야. 이 수호자들은 자기를 소환한 마법사에게 충성을 다하지. 데이드릭 갑옷이나 무기를 소환할 수도 있고, 데이드라를 오블리비언으로 돌려보낼 수도 있어.

- **변화 마법**

 변화 마법은... 대상의 물리적이나 마법적 특성을 바꾸는 거야. 예를 들면 물건을 가볍게 만든다든가, 누군가에게 물속에서 숨 쉬는 능력을 준다든가, 원소 방어막을 씌운다든가 하는 거지. 대다수의 마법사가 이 마법 학파가 가장 무궁무진한 가능성을 지닌다고 생각한다는데... 이 카짓은 그저 재미있어 보여서 좋아할 뿐이야.

- **환영 마법**

 환영 마법은 다른 사람의 정신을 가지고 노는 거야. 적을 진정시키거나, 겁에 질리게 하거나, 심지어 환각을 보게 할 수도 있지. 투명해지거나, 빛을 만들거나, 밤에도 볼 수 있게 해주는 것도 이 마법이야. 도둑질... 아니, 은밀한 일에 특히 유용하지.

- **신비 마법**

 음, 이건 좀 이상한 마법 학파야. 마법 자체를 가지고 노는 거거든. 많은 학자들이 이 마법의 본질을 놓고 싸우는데, 영혼을 다룬다는 점 때문에 두려워하는 자들도 많아. 어떤 이들은 강령술이랑 비슷하다고도 하지. 신비 마법을 사용하면 공격을 반사하거나, 주문을 흡수하거나, 심지어 영혼을 물건에 가둘 수도 있대.

- **기적 마법**

 기적 마법은 현실의 법칙을 잠깐 비틀어놓는 거야. 물건의 겉모습이나 본질은 그대로 두면서 말이야. 물건을 공중에 띄우거나, 물 위를 걷거나, 짧은 거리를 순간이동할 수도 있어.

연금술

 연금술은 정말 매력적인 분야야. 여러 재료들을 절묘하게 섞어서 놀라운 물약이나 독약을 만들어내지. 식물의 줄기나 꽃잎부터 시작해서, 희귀한 동물의 가죽이나 발톱, 심지어 데이드라의 축복받은 유물 같은 신비한 재료들까지... 이걸 적절한 비율로 섞고, 끓이고, 증류하는 과정이 마치 예술 같아. 자다샤가 제일 좋아하는 부분은 연금술은 타고난 마법 실력이랑은 상관없다는 거야. 열심히 배우고 연구하면 누구나 대가가 될 수 있지!

 실력 좋은 연금술사들이 만드는 물약은 정말 대단해. 죽어가는 사람도 순식간에 일으켜 세우는 치료약부터, 한 방울만 묻혀도 용사를 쓰러뜨리는 치명적인 독까지... 대부분은 마시는 약이지만, 검이나 화살촉에 발라서 쓸 수도 있어. 그럼 더 무시무시한 효과를 낸다니까!

마법부여

 마법부여는 좀 더 신비로운 예술이야. 물건에 영혼의 힘을 불어넣어서 특별한 힘을 주는 거지. 평범한 철검도 불타는 검으로 만들 수 있고, 낡은 가죽 갑옷도 용의 비늘만큼 단단하게 만들 수 있어. 거의 모든 마법부여엔 영혼석이 필요한데, 더 강력한 영혼을 쓸수록 더 대단한 효과가 나와. 근데 시간이 지나면서 힘이 빠지기도 해서, 계속 유지하려면 새로운 영혼의 힘을 불어넣어야 한대.

에이드라와 데이드라가 만든 유물들은 또 차원이 달라. 그 신들이 직접 만든 거라 어떤 대마법사도 따라할 수 없을 정도로 강력하대. 그래서 모험가들 사이에선 이런 신비한 유물을 찾는 걸 평생의 목표로 삼은 사람들도 있어.

기타 마법

다른 마법들도 많은데, 다 말하자면 끝도 없을 거야. 그나마 강령술이 제일 유명한데, 죽은 자들을 부활시켜서 명령을 내릴 수 있대. 오라맨시는 잊혀진 기억이나 감정을 끌어내는 섬세한 마법이고, 기상 마법은 폭풍우를 부르고 번개도 다룰 수 있어. 심지어 치즈맨시라는 것도 있다는데... 이 따짓도 그게 뭐하는 건지는 모르겠어.

이렇게 마법의 종류가 끝도 없다 보니까, 연구할 거리도 끝이 없나 봐. 뭔가 더 알고 싶으면 마법사 길드에 가보면 된대. 거기 전문가들이 많거든!

메이지 길드

마법의 세계에 발을 담그고 싶은 사람들한테 메이지 길드만 한 곳이 없어. 탐리엘 전역에 퍼져있는 이 길드는 마법 연구랑 교육에 미친 듯이 열정적이야. 아크메이지들이랑 마법사 평의회가 이끄는데, 이 사람들이 길드의 큰 방향을 정한대.

각 지역 길드는 진짜 바빠. 마을 사람들 마법 문제도 해결해주고, 연금술 재료랑 물약도 팔고, 새내기 마법사들한테 주문도 가르쳐주고... 새로운 회원들도 적극적으로 받아들이는데, 다음 세대 마법사를 키우는 게 그들의 사명이래. 길드 도서관엔 마법 서적이 산더미처럼 쌓여있는데, 기초적인 책들은 일반인들도 볼 수 있게 해준다니까 참고해.

마법 공격으로부터 살아남기

여행을 다니다 보면 서머셋 제도에서 마법 공격을 받을 일도 있을 거야. 그러니 기본적인 치유법은 반드시 알고 가야겠지? 서머셋 사람들은 마법에 능한 편이라서 여행자들은 한두 번쯤 마법을 맛보게 될지도 몰라. 그러니 이 안내서를 쓰고 있는 자다샤가 이런 정보를 안 알려주면 섭하지 않겠어?

칼에 베이거나 독을 맞았을 때 대처하는 법은 전에 알려줬으니까 이번엔 마법 공격을 받았을 때 어떻게 해야 하는지 알려줄게. 마법은 그냥 칼이나 망치처럼 베이거나 얻어맞는

수준을 넘어선다고. 몸을 얼리고 불태우거나 심지어는 영혼까지 건드릴 수도 있거든. 그래서 마법 상처를 받았을 때 자주 볼 수 있는 증상들과 응급처치 방법을 정리해봤어. 물론, 상처가 심각해 보이면 망설이지 말고 치유사한테 달려가야 해! 마법 상처는 내버려둘수록 나빠질 가능성이 크니까.

화염 마법

파이어볼은 마법사들이 제일 좋아하는 주문이야. 이유는 간단해. 쓰기도 쉽고 위력은 끝내주거든! 한 방이면 적들을 재로 만들어버릴 수 있다니까. 근데 이런 화염 마법이 아니더라도 화상은 정말 흔한 부상이야. 그러니까 치료법은 꼭 알아둬야 해.

심각한 화상 치료하기

진짜 위험한 화상인지 아닌지는 이런 걸 보면 알 수 있어.

- **화상의 깊이를 확인하기**: 겉에만 살짝 데인 게 아니라 살 속 깊숙이 파고든 화상이라면? 이건 정말 위험해. 당장 치료 받아야 해.

- **화상의 크기를 확인하기**: 화상의 깊이도 중요하지만 얼마나 넓게 다쳤는지도 봐야 해. 내 주먹보다 크면 절대 집에서 괜찮아질 때까지 기다리지 말고 치유사한테 달려가!

- **피부 상태 살피기**: 까맣게 타버렸거나 하얗게 변한 자리가 있다면 이건 진짜 심각한 거야. 갈색 얼룩이 생기는 것도 나쁜 신호야. 절대 내버려두면 안 돼.

자, 심각한 화상을 입었다면 치유사를 찾기 전에 이렇게 해봐.

- **안전한 곳으로 이동**: 불에서 멀리 떨어져! 특히 근처에 화가 난 마법사가 있다면 최대한 빨리 그 자리를 피해. 그 사람이 진정될 때까지 기다리는 게 현명해.

- **호흡을 확인하기**: 살아있는지 봐야지. 죽은 사람 치료하려고 돈 쓸 필요는 없잖아? (숨쉬기 잘 안 되면 도와줄 수도 있고.)

- **방해가 되는 장신구를 제거하기**: 화상 부위가 부어오르니까 옷이나 반지, 목걸이 같은 거 전부 벗겨줘. 특히 목 부근은 숨통이 막힐 수 있으니까 더 조심해서!

- **차가운 천으로 덮어주기**: 깨끗하고 시원한 천이나 붕대로 덮어주면 아픈 것도 좀 나아지고, 상처도 깨끗하게 유지할 수 있어.

- **화상 부위를 높여주기**: 가능하면 화상 입은 곳을 심장보다 높이 들어줘. 옛날 마법사들은 이러면 마법 기운이 잘 순환한다고 했는데... 지금은 그냥 부기 빼는 데 좋다고 해. 뭐, 효과만 있으면 됐지!

- **쇼크 증상 살피기**: 갑자기 얼굴색이 하얘지거나 식은땀 흘리면서 어지러워하면? 이건 쇼크가 온 거야. 당장 치유사를 불러!

- **찬물 사용 금지**: 화상 부위에 찬물 붓고 싶은 마음 알겠지만, 절대 하면 안 돼! 오히려 저체온증 올 수 있어서 더 위험해질 수 있다고.

가벼운 화상 치료하기

가벼운 화상은 치유사까지 갈 필요 없어. 이런 증상이면 가벼운 거야.

- **피부가 살짝 붉을 때**: 여름날 해변에서 살짝 탄 것처럼 피부가 붉어지고 따끔거리는 정도?

- **견딜 만한 아픔**: 불편하고 아프지만, 치유사를 부를 정도는 아닌 거지.

- **작은 물집이 생겼을 때**: 물집이 생겼더라도 크기가 작으면 너무 걱정하지 마. 자연히 낫는다고.

- **손바닥보다 작은 화상**: 화상이 손바닥 크기보다 작다면 집에서 치료해도 괜찮아.

이런 가벼운 화상은 이렇게 치료하면 돼.

- **열기 식히기**: 차가운 물에 적신 천으로 덮어줘. 진짜 시원하고 좋을 거야.

- **장신구 제거하기**: 나중에 부어오를 수 있으니까 반지나 팔찌는 미리 빼두는 게 좋아.

- **화상 연고 바르기**: 화상의 열이 빠진 다음에는 치유 연고를 발라줘. 연고의 종류가 엄청 많은데, 뭘 발라야 할지 모르겠으면 약재상한테 물어봐.

- **붕대 감기**: 너무 꽉 말고 살살 감아줘. 공기는 통하게, 근데 더러운 건 못 들어가게!

- **진통 물약 복용하기(필요한 경우)**: 통증을 가라앉히는 물약이 있으면 한 모금 마셔도 좋아.

- **물집 건드리지 않기**: 아무리 가렵고 터뜨리고 싶어도 참아! 터트렸다가 감염되면 더 고생이야.

참, 그리고 마지막으로 하나 더! 화염 마법으로 인한 화상은 일반 화상보다 더 오래 갈 수 있어. 며칠이 지나도 안 나아지면 꼭 치유사를 찾아가. 마법의 잔여 효과가 남아있을 수도 있거든.

충격 마법

아무리 약한 충격 마법이라도 방심하면 안 돼. 가벼운 충격은 저절로 나을 수도 있지만, 심각한 상황에서 반드시 전문가의 도움이 필요해. 다음 증상이 하나라도 보이면 즉시 치유사를 찾아가야 해.

- **마법 화상의 흔적**: 자다샤가 앞에서 잘 설명해줬으니까 거기서 배운 대로 하면 돼!
- **혼란**: 말이 어눌해지거나, 주변 사람 말이 이해가 안 되거나, 어디가 어딘지 헷갈리면 큰일 난 거야. 뇌가 타격을 받았다는 신호일 수 있어.
- **호흡 곤란**: 충격파가 몸속 깊이 파고들어서 폐를 건드렸을 수 있어. 이건 정말 위험한 상황이야. 한시라도 빨리 치료를 받아야 해.
- **근육통**: 근육이 비정상적으로 뒤틀리고 아프다면, 신경계가 손상됐다는 뜻이야. 절대 가볍게 넘기면 안 돼.
- **실신**: 이건 뭐... 설명이 필요 없겠지? 당연히 큰일 난 거야!

충격 마법을 맞은 동료를 발견했다면, 이렇게 해줘

- **함부로 만지지 마**: 일부 충격 마법은 잔류 효과가 있을 수 있어. 네가 먼저 다치면 아무도 도와줄 수 없으니까, 마법 기운이 완전히 사라졌는지 확인하고 접근해.
- **움직이지 마**: 당장 목숨이 위험한 상황이 아니라면, 함부로 움직이다가 증상을 악화시킬 수 있어. 차라리 치유사를 데려오는 게 안전해.
- **화상을 먼저 치료해**: 충격 마법도 화염처럼 살갗을 태울 수 있어. 화상 치료법은 아까 배웠으니까 그대로 써먹으면 돼.

- **따뜻하게 해줘**: 충격 마법은 몸을 차갑게 만들 수 있어. 체온이 떨어지면 쇼크가 올 수 있으니까 따뜻하게 유지시켜 줘야 해.

서리 마법

서리 마법은 정말 무시무시해. 동상이나 저체온증 같은 걸 일으키는데... 아까 배운 대로만 하면 충분히 대처할 수 있으니까 걱정하지 마!

사실 이거 말고도 더 위험한 마법들이 많아. 영혼을 까맣게 태우거나 정신을 산산조각 내는 마법들도 있지... 근데 그건 자다샤가 잘 모르는 분야라 함부로 얘기하긴 그래. 그런 거로 다쳤다 싶으면 치유사나 성직자, 아니면 마법사 길드 전문가들을 찾아가 봐. 그들이 제대로 된 치료법을 알고 있을 거야.

야영의 기본

서머셋... 그림처럼 아름다운 섬이지. 황금빛 탑들이 하늘을 찌르고, 마법의 빛으로 물든 거리마다 우아한 알트머들이 거닐고 있어. 여관과 선술집이 즐비한 이런 곳에서 야영 장비가 무슨 소용이겠냐고? 하하, 순진하기도 하지.

네가 카짓이라면... 아니, 그냥 알트머가 아니라면 이런 경험을 하게 될 거야. "죄송합니다만 오늘 빈방이 없네요." "앗, 주방이 이제 막 문을 닫았어요." 이 카짓도 처음엔 그랬다니까! 문명화된 섬이라더니, 첫날부터 들판에서 잠들어야 했지. 하늘에서 쏟아지는 비를 맞으며 말이야. 달이시여, 그때의 처참함이란...

그래도 운이 좋았던 게, 그날 밤 이 카짓만 거절당한 게 아니었거든. 우르자라는 오시머를 만났는데, 달의 축복이었을까? 그녀도 똑같이 방을 구하지 못했더라고. 불쌍한 이 카짓을 보더니 천막을 같이 쓰자고 제안했지. 물론 두 손 들고 환영했어! ...그런데 곧 들통 나고 말았어. 야생에서 살아남는 법을 하나도 모른다는 게 말이야.

그래서 이 카짓이 서머셋의 따뜻한 밤, 보라색 잎사귀 아래서 몸을 웅크리고 보낸 그 운명적인 밤에 배운 첫 교훈을 알려줄게.

야영지 고르기

시작이 반이라고 했던가? 완벽한 야영지를 고르는 게 반이야. 이런 곳을 찾아보라고.

- **평평하고 깨끗한 땅**: 밤사이 수레가 굴러가지 않게 하려면 평평한 게 좋겠지? 돌멩이랑 나뭇가지는 치우고, 바닥도 좀 고르게 해놔. 그래야 등뼈가 아프지 않을 거야.

- **높은 지대**: 산꼭대기까진 올라가지 말고, 적당히 높은 곳이 좋아. 빗물이 고이지도 않고, 시원한 바람이 모기도 쫓아주거든. 경치도 좋고!

- **근처의 나무들**: 큰 나무 몇 그루는 꼭 있어야 해. 갑자기 비가 오거나 바람이 불어도 천연 우산이 되어주지. 한여름엔 그늘도 만들어주고.

- **근처의 물**: 자다샤가 전에도 말했지만, 물이 가까우면 뭐든 편해. 마실 물도 구하기 쉽고, 씻기도 좋고, 설거지도 할 수 있잖아?

자, 이제 좋은 자리를 찾았으면 캠프는 이렇게 차려

- **정리정돈을 유지해**: 밤에 뭐가 어딨는지 모르면 곤란하잖아? 짐은 종류별로 모아두고, 중요한 건 늘 같은 자리에 둬.

- **쓰레기를 모아둘 장소를 찾아**: 특히 음식 찌꺼기는 중요해! 동물들이 냄새 맡고 찾아올 수 있으니까 캠프에서 멀리 떨어진 곳에 묻어. 알트머들은 자기네 섬 더러워지는 걸 극혐하거든.

- **여분의 천막을 설치해**: 사치스러울 수 있지만, 짐 보관하는 천막을 따로 치면 진짜 편해. 잠자는 천막은 깨끗하게 유지할 수 있고, 비가 와도 장비들이 안 젖지!

불 피우기

따뜻하고 아늑한 불 없는 야영이 무슨 재미야? 모닥불 피우는 법도 알려줄게

- **자리 잡기**: 불은 잘 사용하면 유용하지만 방심하면 재앙이 되는 걸 너도 잘 알고 있지? 네가 가진 걸 모두 태워버릴 수도 있어. 그러니까 텐트나 마른 잎, 나무 같은 불붙기 쉬운 것들과는 멀리 떨어뜨려 놔야 해.

- **불끄기 준비하기**: 필요하면 빨리 끌 수 있게 물통이나 모래를 준비해. 삽으로 흙을 덮어서 불씨를 끌 수도 있고, 특히… 음, 급하게 도망쳐야 할 때 요긴하지.

- **마른 장작 고르기**: 제일 좋은 건 나무에서 오래전에 떨어져서 잘 마른 나뭇가지가 최고야. 젖은 건 연기만 나고 잘 안 타.

- **불쏘시개 준비하기**: 불을 피우려면 이 둘 다 필요해. 부싯깃은 마른 잎이나 작은 나뭇가지, 풀처럼 쉽게 타는 거. 작은 장작으로 불을 시작하고 큰 걸로 유지하는 거지.

- **돌로 둘러싸기**: 많은 여행자들이 큰 돌로 원을 만들어서 모닥불을 가두더라고.

자, 이제 모닥불 피우는 순서를 알려줄게

- **기초 쌓기**: 부싯깃을 중앙에 쌓아. 부싯깃은 모닥불이 시작될 자리야.

- **가지 세우기**: 부싯깃 위에 얇은 나뭇가지들을 원뿔처럼 세워. 너무 빽빽하게 말고, 공기가 통할 수 있게!

- **불씨 지피기**: 긴 막대나 성냥으로 부싯깃에 불을 붙여. 마법 쓸 줄 알면 작은 파이어볼로도 되는데... 진짜 작게 써야 해! 캠프 전체를 태울 생각은 아니잖아?

- **불길 돋우기**: 부싯깃이 타면서 작은 장작에 불이 옮겨붙을 거야. 이때 살살 바람을 불어주면 불이 더 잘 타.

- **장작 추가하기**: 불꽃이 충분히 커지면 큰 장작을 넣어. 이제 불이 알아서 잘 탈 거야.

모닥불은 따뜻하게 해주고, 밤에 볼 수 있게 해주고, 요리도 할 수 있게 해주지. 무엇보다 분위기가 좋잖아! 모닥불을 안전하게 만들고 유지하고 끄는 법은 여행자라면 꼭 알아야 해.

식사 준비와 요리

야영하면서 밥도 해먹어야 할 텐데, 이 가짓이 안전하게 하는 법을 알려줄게.

- **음식을 야영지에서 멀리 매달아두기**: 수레가 있으면 괜찮은데, 걸어 다니는 사람들은 음식 냄새가 동물들을 부른다는 걸 알게 될 거야. 야영지가 표적이 되는 걸 막으려면 음식을 야영지에서 좀 떨어진 나무에 매달아 둬. 그래야 생물들이 야영지를 뒤지거나 음식을 훔쳐가지 않지.

- **음식을 상하지 않게 보관하기**: 애써 준비한 음식에 곰팡이가 피거나 상하거나, 벌레들이 먹어버리면 아무 쓸모 없잖아? 음식은 제대로 된 통에 잘 보관하라고.

- **바람 아래쪽에서 요리하기**: 맛있는 냄새가 동물들한테 가지 않게 바람 방향을 잘 봐.

동물들이 사는 곳 반대편에서 요리하는 게 좋아.

- **불 조절의 기술**: 모닥불에서 요리하는 건 생각보다 어려워. 집 부엌처럼 불 조절이 안 되니까 잠깐만 한눈팔아도 다 타버릴 수 있어!

결론

서머셋은 정말 특별한 곳이야. 환영받는 자들에겐 그야말로 꿈꾸던 낙원 그 자체지. 황금빛으로 물든 고대의 숲과 하늘을 찌를 듯한 첨탑들, 마법의 빛으로 일렁이는 도시들까지... 눈이 닿는 곳마다 알트머들의 사치와 우아함이 넘쳐나. 탐리엘 전역에서 마법을 볼 수 있다지만, 서머셋의 마법은 달라. 공기 자체가 마법으로 떨리는 듯해. 물론 이건 순수한 알트머 혈통을 가진 자들의 이야기지만 말이야.

하지만 우리 같은... 그러니까, 그들의 기준으론 '덜 순수한' 자들이 이 '축복받은 섬'에 발을 들일 땐 각오가 필요해. 어쩌면 넌 카짓처럼 비에 털이 푹 젖은 채로, 주머니엔 동전 한 닢 없이 첫 보금자리를 떠나게 될지도 몰라. 아니면 운이 좋다면, 우르자처럼 낯선 이방인들에게 따뜻한 텐트와 정을 나누는 오시머가 될 수도 있겠지.

자, 이제 선택은 네 몫이야, 여행자여. 이 황금빛 섬에서 네가 어떤 길을 걸을지는 오직 네가 정해. 현명하게 선택하길 바란다고... 이 섬은 아름답지만, 때론 무자비하니까.

서머셋 제도

데이드라 영역

이 카짓이 탐리엘의 수많은 위험들을 소개하려고 이 안내서를 쓰고는 있지만... 데이드라 영역만큼은 특별히 주의 깊게 다뤄야 할 것 같아.

    이 영역들은... 음, 설명하기가 참 까다로워. 보통의 지도에도 표시되지 않고, 우리가 발 딛고 사는 이 세계의 일부라고 하기에도 뭔가 석연치 않거든. 하지만 불행히도, 아니 어쩌면 운명이라고 해야 할까? 많은 여행자들이 모험 중에 그곳으로 발을 들이게 되더라고, 의도했건 그렇지 않건 말이야. 그래서 이 카짓이 비록 아는 게 제한적이긴 하지만, 그래도 알려줘야만 할 것 같아. 네가 알아야 할 가장 중요한 사실은... 우리 세계의 규칙이 데이드라 영역에서는 완전히 뒤집힐 수 있다는 거야. 불가능해 보이던 것들이 갑자기 가능해지지. 하지만 대부분은... 음, 평범한 악몽보다 훨씬 더 끔찍한 방식으로 말이야.

    각각의 영역은 데이드릭 프린스라 불리는 강력한 존재들이 다스리고 있어. 많은 이들이 이 프린스들을 진정한 신으로 받들지. 그리고 다른 신들처럼, 대부분의 프린스들은 '광신도'라고 불리는 맹목적인... 아니, 광적으로 충성스러운 추종자들을 거느리고 있다고.

    여기서 특히 주의해야 할 점은, 이 광신도들이 탐리엘 어디에나 있다는 거야. 시끄럽게 떠들어대는 노드든, 비밀스러운 아르고니안이든, 숲을 사랑하는 보스머든, 차가운 눈빛의 레드가드든... 어떤 종족이나 도시라도 광신도들의 손아귀에서 자유롭진 않아. 그리고 이 광신도들 때문에 순식간에 악몽 같은 데이드라 영역으로 끌려갈 수도 있다고.

    아, 이 카짓이 너무 앞서 나가고 있나? 이런 광신도들로부터 목숨을 부지하려면, 먼저 그들이 광적으로 숭배하는 신들에 대해 알아둬야 하지 않을까? 그럼 거기서부터 이야기를 풀어볼까?

데이드릭 프린스

자, 이제 데이드릭 프린스에 대해 이야기해볼까? 이들은 이름이 정말 많아서... 이 카짓은 가장 널리 알려진 이름으로 부르려고 해. 하지만 종족마다 부르는 방식이 다르다는 걸 꼭 기억해둬. 그리고... 탐리엘을 돕고 보호하려는 프린스들도 있긴 하지만, 그런 경우는 정말 드물어. 착한 프린스든 나쁜 프린스든, 화나게 하면 둘 다 치명적이라는 건 변함없지만 말이야.

아주라

우리 카짓들 사이에서는 가장 자비로운 프린스로 알려져 있어. 여명과 황혼의 지배자이자, 마법과 신비, 운명과 예언을 다스리지. 재미있게도 허영심과 자만심도 그녀의 영역이야. 무엇보다 그녀는 우리의 사랑, 특히 우리 자신을 사랑하는 걸 바라지. 그래서 추종자들이 그토록 광적으로 헌신하는 거고.

그녀의 영역인 '달의 그림자'는... 말로 표현하기가 어려울 정도로 아름다워. 필멸자의 눈으로 바라본다면 눈이 절반쯤 멀어버릴 만큼 찬란하다고 하더라고. 은빛 도시 한가운데 우뚝 선 장미 궁전에서 통치하는데, 주변은 온통 꽃과 파스텔 톤의 나무들로 뒤덮여 있지. 방문자들을 환대하기로도 유명한데, 마음에 든다면 '황혼의 별'이라는 강력한 유물을 하사하기도 한다더군.

우리 카짓들이 아주라를 유독 사랑하는 데는 이유가 있어. 그녀는 우리 민족의 어머니거든. 자신의 모습을 본떠 우리를 아름답게 만들었고, 우리의 가장 달콤한 양식인 문 슈거도 선물해줬어. 그녀는 모래를 밟고 걷는 모든 카짓의 이름을 알고 있다고 하더라고. 우리가 죽으면 그녀의 영역으로 가게 되는데... 거기엔 특별한 문이 있어. 자격이 있다고 판단되면, 별들 너머의 영원한 모래사막으로 인도해준다고 해.

보에디아

음모의 프린스라는 별명이 있는데... 그 이름값을 톡톡히 하는 데이드라지. 기만, 음모, 반역, 암살을 관장하는 무시무시한 존재야. 정복 전쟁에서 흘린 피와 전투의 광기만을 좇지. 그녀의 추종자들은 서로 죽일 때까지 싸우면서 그녀의 관심을 갈구한다고 해. 시련을 부과하거나 교묘한 음모로 피바다를 만드는 것으로도 악명이 높고.

이 카짓은 그녀의 영역인 '뱀의 산'에 대해서는 아는 게 많지 않아. 배신으로 얽힌 미로 같은 땅이라고 하더군. 끝없이 이어지는 미로 정원과 뒤틀린 탑들이 가득하대. 한 가지

데이드라 영역 153

확실한 건... 그곳에 발을 들이면 목숨을 장담할 수 없다는 거야. 보에디아는 설탕처럼 달콤한 죽음 같거든. 그래도 그녀의 마음에 들면 에보니 메일을 하사받을 수 있어. 모든 마법과 물리 공격을 막아주고, 은신할 수 있게 해주며, 독 오라까지 두른다지.

❂ 클라비쿠스 바일

속임수와 거래의 프린스로 알려졌는데, 수많은 이들이 소원을 이루려고 그를 찾아가. 요청은 언제나 들어주지만... 진정으로 원하는 건 절대 주지 않아. 악의나 원한 때문이 아니래. 그저 영원한 삶이 지루해서 그런다나? 뭐, 가장 깊은 소원을 품은 자들이 절망에 빠지는 광경이 그의 최고의 오락거리인가 봐.

그의 영역인 '후회의 들판'은 한적한 시골 풍경과 유리로 만든 도시가 공존하는 기묘한 땅이야. 늘 그의 곁에는 주로 사냥개 모습을 한 발바스라는 반신이 있고. 바일이 특별히 마음에 들어 한다면 클라비쿠스의 가면을 하사하기도 해. 이걸 쓰면 거부할 수 없는 매력을 풍기게 된다지. 사람들을 속이길 즐기는 녀석이 주는거 치고는 패나 괜찮은 선물 아닌가 싶어.

❂ 헤르메우스 모라

지식의 군주로 알려져 있는데, 데이드릭 프린스들 중에서도 가장 똑똑하대. 필멸자들의 지식 따위는 비교도 안 되지. 생김새도 프린스들 중에서 가장 으스스러워. 정해진 형태가 없어서 수많은 눈만 달고 어둠처럼 소용돌이치는데... 이 카짓이 지금 이 안내서를 읽듯이, 과거와 미래를 손바닥 보듯 훤히 들여다본다는 소문도 있어.

그의 영역인 '아포크리파'는 모든 지식이 담긴 무한한 도서관이래. 그곳의 책들은 제목조차 없고, 옛 학자들의 영혼이 책장 사이를 떠돈다고 해. 필멸자들은 절대 알아서는 안되는 금단의 지식도 이곳에 보관되어 있지. 네가 충분한 지혜를 지녔다는 걸 증명하면, 오그마 인피니움이라는 전지전능한 책을 받을 수도 있대.

❂ 허씬

사냥의 군주이자 야수들의 주인이야. 많은 이들이 그를 위해 기도하지만, 허씬은 그런 건 안중에도 없어. 오직 사냥 실력만을 본다고 하더군. 종종 필멸자들에게 위험한 사냥감을 쫓으라며 시험을 내기도 하지. 야수인간의 아버지라고도 불리는데... 웨어울프 같은 놈들은 그의 축복을 갈구하거나, 아니면 저주를 퍼부으며 원망하거나.

그의 영역인 '사냥터'는 숙련된 사냥꾼들과 치명적인 먹잇감들로 가득한 끝없는 숲이야. 허씬을 믿는 자들은 죽어서 이곳에서 영원한 사냥을 즐길 수 있다고 해. '위대한 사냥'이라고 해서 사냥꾼들이 토끼(물론 진짜 토끼는 아니겠지만)를 쫓는 의식이 있는데, 먼저 잡는 자에게 허씬의 축복이 내린다고 하더군.

축복만큼 대단하진 않지만, 마음에 드는 추종자들에게 허씬의 반지를 하사하기도 해. 이걸 끼면 완벽한 늑대인간으로 변신할 수 있다지. 이미 늑대인간인 자들은 변신을 자유자재로 조절할 수 있게 되고, 달이나 피의 영향도 받지 않게 된다더군.

말라카스

저주의 신이라는데... 솔직히 화나게 하고 싶진 않을 거야. 추방당한 자들의 수호자이자 저주와 맹세를 관장하지. 재밌는 건, 원래는 트리니맥이라는 신성한 신이었다는 거야. 그런데 보에디아가 삼켰다가 배설했다나? 그래서 끔찍한 프린스가 됐을 뿐만 아니라, 그의 엘프 추종자들도 완전히 변해버렸지. 지금의 오시머가 바로 그들이야.

그의 영역인 '잿구덩이'는... 글쎄, 이름 그대로야. 끝없이 재가 쌓인 황량한 땅에 연기 자욱한 공기가 가득해. 한가운데는 거대한 잿더미 대장간이 있고, 철로 만든 탑과 길게 늘어선 집들이 지평선 너머까지 이어진다고 해. 오시머들은 죽어서 이곳에 오면 영원히 먹고 싸울 수 있다고 믿어. 말라카스의 마음에 들면 볼렌드렁이라는 전설적인 망치를 하사받을 수 있는데... 적의 힘을 빼앗아서 쓸 수 있다고 하더군.

메팔라

'속삭임의 여인'이라고도 불리는데, 살인, 거짓말, 성(性), 비밀을 모두 관장해. 한 프린스가 다루기엔 너무 많은 영역 같지만, 메팔라는 그걸 완벽하게 해내지. 웹스피너라고도 부르는데, 필멸자들의 일에 특별한 관심을 보여. 우리의 삶이 거미줄처럼 복잡하게 얽혀있는 걸 보면서 이리저리 줄을 당기고 속이는 걸 즐기나 봐. 특히 그녀와 추종자들은 미스터리와 비밀에 푹 빠져있어.

그녀의 영역인 '나선 실타래'는 어두운 동굴과 거미들이 득실거리는 기이한 세상이야. 하늘을 찌를 듯한 높은 탑들과 붉게 빛나는 수정, 그리고 형광빛을 내뿜는 버섯들로 뒤덮여 있대. 이 프린스의 마음에 들면 에보니 블레이드라는 걸 하사받는데... 희생자의 생명력을 빼앗는 악독한 유물이지. 이걸 쓰면 적의 힘을 흡수해서 내 것으로 만들 수 있다고 해.

❈ 메리디아

'무수한 활기의 여주인'이라는 별명도 있는데, 빛과 생명을 다스려. 다른 프린스들과는 다르게 자비로운 신으로 알려져 있지. 하지만... 언데드와 강령술사는 뼈에 사무치도록 혐오한대. 추종자들에게 불멸을 선사할 수도 있지만, 대신 자유 의지를 완전히 포기해야 해. '정화된 자들'이라고 하는 이 불멸의 종들은 무조건적인 복종을 보이지. 재밌는 건... 그녀를 거역한 자들에게도 이런 "선물"을 준다는 거야.

그녀의 영역인 '컬러드 룸즈'는 말 그대로 그녀의 명령만큼 밝다고 해. 근데 그것 말고는 정확히 알기가 힘들어. 어떤 이들은 거대한 산호초 같다고 하고, 또 어떤 이들은 그저 허공에 떠다니는 돌덩이들뿐이라고 하지. 땅은 빛나는 물로 덮여있는데, 신기하게도 그 위를 걸을 수 있다고 해. 그녀의 마음에 들면 던브레이커라는 찬란한 롱소드를 하사하는데... 언데드를 박살내는 데는 이만한 게 없대.

❈ 몰라그 발

지배와 노예화의 영역을 다스리는 몰라그 발... 필멸자의 영혼을 이보다 더 갈망하는 프린스는 없을 거야. 이 카짓이 본 중에 제일 무서운 녀석이지. 얼마나 탐욕스러운지 니른의 전체 구역을 한 입에 삼켜버렸다는 소문도 있어. 그에게 희생된 자들은 영원히 고문받으며 그의 즐거움거리가 된다지. 광신도들은 그를 기쁘게 하려고 자발적으로 스스로를 바치기도 한다니까.

그의 영역 '콜드하버'는... 말 그대로 차갑고 죽은 듯한 곳이야. 소울 슈리븐이라 불리는, 고통받는 영혼들로 가득하대. 우리 세계의 어두운 면모와 몰라그 발의 잔혹함을 기리는 것들로 뒤덮여 있지. 뱀파이어들은 죽으면 이곳으로 온다고 하더군. 이 어둠의 프린스 마음에 들면 뱀파이어의 철퇴를 하사하는데... 맞은 필멸자의 영혼을 영원히 가둘 수 있다고 해.

❈ 녹터널

그림자의 어머니, 황혼의 딸, 행운의 여신... 이름도 많지? 탐리엘의 도둑들이 그녀에게 운 좋기를 비는 것도 이상하진 않아. 밤과 어둠을 다스리는데, 행운까지 지배한대. 게다가 자신이 가장 오래된 존재라면서, 오블리비언 이전의 공허에서 태어났다고 주장하더라고.

녹터널의 영역은 '에버글룸'이야. 영원한 황혼이 드리워진 영역인데, 하늘은 신비로운 보라빛으로 가득하고 뒤틀린 숲과 무너진 기념물들이 곳곳에 널려있어. 까마귀와 까치가 나뭇가지마다 가득 앉아있는데, 그중 몇몇은 말도 할 수 있다지. 녹터널이 주는 가장 귀한 선물은 '해골 열쇠'라고, 어떤 문이든 열 수 있대. 도둑들 사이에선 최고의 보물로 꼽히지...

✺ 생귄

왜 그토록 많은 이들이 그를 숭배하고 싶어하는지... 이해가 가. '환락의 군주'라 불리는데, 방탕과 쾌락, 어두운 열정을 관장해. 일부러 잔인하진 않지만, 그의 장난과 환상적인 연회가 우리 필멸자들에게 큰 재앙이 될 수 있어. 그의 잔에서 한 번 마시면 영원한 연회에서 빠져나올 수 없대. 다행히도... 아니, 불행히도? 대부분은 나가고 싶어하지도 않는다더군.

'무한한 환락의 왕국'이라는 작은 영역들을 다스리는데, 무려 백만 개는 된다고 해. 재밌는 건, 각각의 영역이 방문자들의 욕망으로 만들어졌다는 거야. 그래서 생귄 본인도 이 영역들을 완벽히 통제하지 못한대. 근데 그게 바로 그가 좋아하는 거래. 그를 기쁘게 하면 '생귄의 장미'를 주는데, 하급 데이드라를 부를 수 있어. 문제는... 이 데이드라가 너한텐 해를 끼치진 않지만, 네 말은 절대 듣지 않는다는 거야. 그래서 다른 프린스들의 선물보다는 인기가 좀 떨어지지.

✺ 쉐오고라스

많은 프린스들이 혼돈을 즐기지만... 이 녀석은 진정한 광기 그 자체야. '미친 신'이라고 불리는데, 도대체 뭘 하는지 이해할 수가 없어. 필멸자들을 괴롭히는 걸 즐기고, 특히 관심이 가는 놈들은 상상도 못할 만큼 기괴하게 고문한대. 이성적인 대화가 통하지 않으니까, 이 녀석을 물리치려면 본인만큼이나 미친 방법을 써야 한다고 하더군.

그의 영역인 '쉬버링 아일즈'는... 여기 들어오는 필멸자는 결국 다 미치고 만대. 매니아와 디멘시아라는 두 영역으로 나뉘어 있는데, 이건 그의 분열된 성격과 광기를 보여주는 거지.

쉐오고라스의 마음에 들면(어떻게 하는지는 이 까짓도 모르고... 사실 아무도 모른다고 해), '와바잭'이라는 걸 받을 수 있어. 이 기이한 지팡이로 아무거나 완전 무작위 적으로 다른 모습으로 바꿀 수 있대. 강력한 적을 약한 토끼로 만들 수도 있고... 물론 더 끔찍한 괴물로 만들 수도 있지. 뭐, 광기의 프린스한테 이보다 더 어울리는 선물은 없을 거야.

❈ 메리디아

'무수한 활기의 여주인'이라는 별명도 있는데, 빛과 생명을 다스려. 다른 프린스들과는 다르게 자비로운 신으로 알려져 있지. 하지만... 언데드와 강령술사는 뼈에 사무치도록 혐오한대. 추종자들에게 불멸을 선사할 수도 있지만, 대신 자유 의지를 완전히 포기해야 해. '정화된 자들'이라고 하는 이 불멸의 종들은 무조건적인 복종을 보이지. 재밌는 건... 그녀를 거역한 자들에게도 이런 "선물"을 준다는 거야.

그녀의 영역인 '컬러드 룸즈'는 말 그대로 그녀의 명령만큼 밝다고 해. 근데 그것 말고는 정확히 알기가 힘들어. 어떤 이들은 거대한 산호초 같다고 하고, 또 어떤 이들은 그저 허공에 떠다니는 돌덩이들뿐이라고 하지. 땅은 빛나는 물로 덮여있는데, 신기하게도 그 위를 걸을 수 있다고 해. 그녀의 마음에 들면 던브레이커라는 찬란한 롱소드를 하사하는데... 언데드를 박살내는 데는 이만한 게 없대.

❈ 몰라그 발

지배와 노예화의 영역을 다스리는 몰라그 발... 필멸자의 영혼을 이보다 더 갈망하는 프린스는 없을 거야. 이 카짓이 본 중에 제일 무서운 녀석이지. 얼마나 탐욕스러운지 니른의 전체 구역을 한 입에 삼켜버렸다는 소문도 있어. 그에게 희생된 자들은 영원히 고문받으며 그의 즐거움거리가 된다지. 광신도들은 그를 기쁘게 하려고 자발적으로 스스로를 바치기도 한다니까.

그의 영역 '콜드하버'는... 말 그대로 차갑고 죽은 듯한 곳이야. 소울 슈리븐이라 불리는, 고통받는 영혼들로 가득하대. 우리 세계의 어두운 면모와 몰라그 발의 잔혹함을 기리는 것들로 뒤덮여 있지. 뱀파이어들은 죽으면 이곳으로 온다고 하더군. 이 어둠의 프린스 마음에 들면 뱀파이어의 철퇴를 하사하는데... 맞은 필멸자의 영혼을 영원히 가둘 수 있다고 해.

❈ 녹터널

그림자의 어머니, 황혼의 딸, 행운의 여신... 이름도 많지? 탐리엘의 도둑들이 그녀에게 운 좋기를 비는 것도 이상하진 않아. 밤과 어둠을 다스리는데, 행운까지 지배한대. 게다가 자신이 가장 오래된 존재라면서, 오블리비언 이전의 공허에서 태어났다고 주장하더라고.

녹터널의 영역은 '에버글룸'이야. 영원한 황혼이 드리워진 영역인데, 하늘은 신비로운

데이드라 영역

보라빛으로 가득하고 뒤틀린 숲과 무너진 기념물들이 곳곳에 널려있어. 까마귀와 까치가 나뭇가지마다 가득 앉아있는데, 그중 몇몇은 말도 할 수 있다지. 녹턴널이 주는 가장 귀한 선물은 '해골 열쇠'라고, 어떤 문이든 열 수 있대. 도둑들 사이에선 최고의 보물로 꼽히지...

생귄

왜 그로록 많은 이들이 그를 숭배하고 싶어하는지... 이해가 가. '환락의 군주'라 불리는데, 방탕과 쾌락, 어두운 열정을 관장해. 일부러 잔인하진 않지만, 그의 장난과 환상적인 연회가 우리 필멸자들에게 큰 재앙이 될 수 있어. 그의 잔에서 한 번 마시면 영원한 연회에서 빠져나올 수 없대. 다행히도... 아니, 불행히도? 대부분은 나가고 싶어하지도 않는다더군.

'무한한 환락의 왕국'이라는 작은 영역들을 다스리는데, 무려 백만 개는 된다고 해. 재밌는 건, 각각의 영역이 방문자들의 욕망으로 만들어졌다는 거야. 그래서 생귄 본인도 이 영역들을 완벽히 통제하지 못한대. 근데 그게 바로 그가 좋아하는 거래. 그를 기쁘게 하면 '생귄의 장미'를 주는데, 하급 데이드라를 부를 수 있어. 문제는... 이 데이드라가 너한텐 해를 끼치진 않지만, 네 말은 절대 듣지 않는다는 거야. 그래서 다른 프린스들의 선물보다는 인기가 좀 떨어지지.

쉐오고라스

많은 프린스들이 혼돈을 즐기지만... 이 녀석은 진정한 광기 그 자체야. '미친 신'이라고 불리는데, 도대체 뭘 하는지 이해할 수가 없어. 필멸자들을 괴롭히는 걸 즐기고, 특히 관심이 가는 놈들은 상상도 못할 만큼 기괴하게 고문한대. 이성적인 대화가 통하지 않으니까, 이 녀석을 물리치려면 본인만큼이나 미친 방법을 써야 한다고 하더군.

그의 영역인 '쉬버링 아일즈'는... 여기 들어오는 필멸자는 결국 다 미치고 만대. 매니아와 디멘시아라는 두 영역으로 나뉘어 있는데, 이건 그의 분열된 성격과 광기를 보여주는 거지.

쉐오고라스의 마음에 들면(어떻게 하는지는 이 까짓도 모르고... 사실 아무도 모른다고 해), '와바잭'이라는 걸 받을 수 있어. 이 기이한 지팡이로 아무거나 완전 무작위 적으로 다른 모습으로 바꿀 수 있대. 강력한 적을 약한 토끼로 만들 수도 있고... 물론 더 끔찍한 괴물로 만들 수도 있지. 뭐, 광기의 프린스한테 이보다 더 어울리는 선물은 없을 거야.

데이드라 영역

❀ 메이룬스 데이건

메이룬스 데이건만큼 전투를 갈망하는 데이드라는 없을 거야. 파괴, 변화, 혁명, 야망을 다스리지. 추종자들이 그의 이름을 부르면 지진과 폭풍이 휘몰아친대. 혼돈과 학살을 그토록 사랑하거든. 콜드하버 협약이 맺어지기 전에는... 그냥 기분 내키면 도시 하나를 통째로 날려버리기도 했다나 뭐라나.

지금은 다행히도 '데드랜드'라는 자신의 영역에 갇혀있어. 끊임없이 파괴되고 변화하는 땅인데, 용암이 강처럼 흐르고 유황 연못이 여기저기 있대. 거기다 폭풍까지 쉴 새 없이 몰아친다지. 파괴로 이 녀석의 기분을 좋게 만들면 '메이룬스의 면도칼'이라는 걸 받을 수 있어. 어떤 적이든 순식간에 생명을 앗아갈 수 있는 흑단 단검이래.

...이 카짓이 아는 건 여기까지야. 더 많은 프린스들이 있다는 건 알지만, 그들에 대해선 아는 게 없네. 지금까지 들은 것만으로도 충분히 무시무시하지 않아? 그러니까 이런 데이드라들을 섬기는 광신도들도 특별히 조심해야 한다고. 그들은 언제 어디서 우리를 그들의 주인에게 바칠지 모르니까...

데이드릭 광신도

데이드릭 광신도에 대해서도 얘기해볼까? 이들은 각자가 선택한 프린스를 맹목적으로 섬기면서, 그 프린스의 뜻대로만 움직여. 그 대가로 보통 필멸자로선 감히 상상도 못할 엄청난 행운이나 명성, 권력을 바라지. 하지만... 슬프게도 대부분 비극으로 끝나. 왜냐고? 이 프린스들이 변덕이 심하거든. 오늘의 총아가 내일은 장난감이 될 수도 있지.

광신도들의 모습도 천차만별이야. 어떤 이들은 대놓고 숭배하지. 애쉬랜더들처럼 아주라를 공개적으로 섬기는 자들... 그래서 고향에서 배척당하는 거고. 또 어떤 이들은 광신도라기보단 사제에 가까워. 엘스웨어의 아주라 숭배자들이 그런 경우지. 모락 통은 더 특이해서, 자신들의 신 메팔라를 위한 암살과 살인을 축제처럼 즐기는데도 법적 보호를 받아. 각 문화와 왕국, 그리고 프린스마다 데이드릭 숭배를 바라보는 시선이 다른 거지.

이 카짓은 지금 탐리엘을 괴롭히는 최악의 광신도... '블랙 웜' 교단 얘기를 안 할 수가 없네. 몰라그 발을 섬기는 놈들인데, 탐리엘을 콜드하버로 끌어들이려고 어둠의 닻을 쓴다는 소문... 들어봤지? 어쩌면 직접 목격했을지도 모르고. 달이 네 영혼에 자비를 베풀길 바랄 뿐이야.

데이드라 영역 161

대부분의 광신도들은 비밀리에 숭배하는데, 그럴 만한 이유가 있어. 보통 사회 변두리에서 살면서 자기들 프린스가 원하는 대로 방해받지 않고 숭배하거든. 그런데 이게... 살인이나 고문, 희생 제물 바치기 같은 끔찍한 짓이라 당연히 원치 않는 희생자가 필요하지.

여행자들한텐 이런 광신도들이 제일 큰 골칫거리야. 프린스들은 보통 평범한 여행자들한텐 관심도 없거든. 그런 건 강하고 모험심 넘치는 영웅들한테나 맡기자고. 게다가... 만약 네가 프린스의 관심을 받았다면... 음, 미안하지만 이 카짓도 해줄 수 있는 조언이 별로 없어.

광신도로부터 살아남기

그래서 광신도를 만나면 어떻게 해야 할까? 가능성을 하나하나 살펴보자.

이 카짓의 다른 생존 비법들처럼, 위험한 상황은 피하는 게 최선이야. 특히 광신도들한텐 더더욱. 잘 준비하고 경계한다면 제물 바치는 제단에 묶이는 불상사는 피할 수 있을 거야.

• 절대 혼자 다니지 마!
광신도들은 도둑들이랑 비슷해서 혼자 있고 약해 보이는 놈들만 골라. 함께 다니는 사람이 많을수록 표적이 될 확률도 줄어들지. 특히 밤에는 더더욱.

• 마을에서 머무르기
야영하면 셉팀은 아낄 수 있겠지만... 짐승이나 괴물보다 더 위험한 게 있다고. 광신도들은 주로 밤에 희생자를 사냥하러 다니거든. 여행할 땐 최대한 여관에서 쉬어. 좀 비싸더라도 목숨값보단 싸지 않겠어?

• 동정심을 유발하는 이야기를 쉽게 믿지 마
"도와주세요! 남편이 다쳤어요!"하는 불쌍해 보이는 할머니? 너무 쉽게 따라가지 마. 함정으로 유인하는 광신도일 수 있어.

• 어떤 대가를 치르더라도 탈출해
이 카짓이 전에 납치 상황에서는 신중한 탈출을 조언했지? 보통은 탈출하다가 죽을 위험이 더 크거든. 하지만 광신도한테 잡혔다면 이야기가 달라.

광신도들은 오직 그들의 프린스한테 바칠 제물로서만 널 봐. 당장 죽이거나 끔찍한 의식에서 네 영혼을 갈가리 찢을 수도 있어. 더 끔찍한 건... 네 시체를 데이드라의 숙주로 써서 너른을 몰래 돌아다닐 수도 있다는 거야.

그러니까... 모든 힘을 다해서, 할 수 있는 건 전부 다 해서 도망쳐. 죽더라도 말이야. 죽음이 널 기다리는 운명보다 훨씬 자비로울 테니까.

어둠의 의식

어둠의 의식이 시작됐는데 도망칠 수 없다고? 아직 포기하긴 이르다고 봐. 의식이 시작됐다는 걸 알 수 있는 징후들이 있어. 이런 걸 발견하면 정신 바짝 차리고 도망칠 준비를 해.

- **이상한 문양**
이 몸도 네가 데이드릭 문자를 읽을 수 있으리라곤 기대 안 하지만... 그 뒤틀린 글자들은 누구라도 알아볼 수 있을 거야. 보통 바닥이나 벽에 큰 원을 그리는데, 피나... 음, 그보다 더 끔찍한 것들로 그리더라고.

- **지독한 약초 연기**
이상하게도 데이드릭 프린스들은 쓴맛 나는 약초를 특히 좋아해. 광신도들은 의식할 때 이걸 태우는데, 그 냄새만 맡아도 구역질이 날 정도야.

- **빛나는 수정들**
다른 마법들처럼, 광신도들도 수정이나 영혼석을 써서 어둠의 의식을 진행해. 보통 피처럼 진홍빛이나 깊은 보랏빛, 아니면 병든 것처럼 녹색으로 빛나지.

- **광신도들의 노래**
대개 데이드릭어나 불길한 주문 같은 걸로 하는데, 데이드라를 부르거나 프린스한테 은총을 구하는 내용이야. 이 가짓이 보기엔 기도 비슷하게 들리겠지만... 듣다 보면 등골이 오싹해질 거야.

어둠의 의식의 제물이 됐다면 이미 끝이라 생각하겠지. 이 가짓도 대부분은 그렇다고 봐... 하지만 그래도 시도해볼 만한 게 몇 가지 있어.

탈출을 시도해봐
불가능해 보이겠지만, 네가 진짜 영리하거나 운이 좋을 수도 있잖아? 절대로 기회를 찾는 걸 포기하지 마. 광신도들도 실수를 하거든.

- **자비를 구하기**
살려달라고 빌어봐. 뭐... 도움이 될진 모르겠지만, 적어도 기분은 나아질지도? 어쩌면 새로 들어온 광신도의 양심을 흔들어서 좀 더 자비로운 최후를 맞을 수도 있고.

- **신들에게 기도하기**
네가 믿는 신에게 기도해. 최소한 네 영혼만이라도 구원받을 수 있기를...

데이드릭 영역에서 탈출하기

잔인한 운명의 장난인지, 광신도들의 희생양이 된 이들은 대부분 영혼이 프린스의 오블리비언 영역에 갇히게 돼. 그것도 좋은 영역이 아니야. 장미 궁전이나 황금 성인을 기대하지는 말라고.

광신도들 때문이든 다른 이유에서든, 데이드릭 영역에 들어가게 됐다면 이렇게 해봐.

• **살아있는지 확인하기**
제일 먼저, 네가 살아있는지 죽었는지부터 확인해. 필멸자가 데이드릭 영역에 들어갈 방법은 많지만, 죽은 영혼이 들어갈 방법은 훨씬 더 많거든. 살아있는지 진짜 죽었는지 판단하는 게 쉽진 않겠지만, 반드시 해봐야 해.

> 투명함
> 빛남
> 배고픔이나 갈증의 부족
> 죽음에 대한 감각

• **주변 환경 파악하기**
어느 영역이냐에 따라 살아남는 방법도 완전히 달라져. 지형을 살펴보고 이 까짓이 아까 설명한 것들이랑 비교해봐. 거미가 득실거리는 동굴이야? 축하해, 나선 실타래에 온 거야. 말하는 까마귀들로 가득한 어두운 숲이야? 에버글롬에 발을 들인 거지.

• **함께할 이들 모으기**
이 유령 같은 영역에 너 혼자만 있진 않을 거야. 다른 필멸자들을 찾아 그룹을 만들어. 운이 좋다면 적과 맞설 수 있는 전사나 마법사를 만날 수도 있지. 하지만... 모두를 무작정 믿진 마. 여기선 아군도 적이 될 수 있으니까.

• **데이드라 피하기**
평범한 필멸자는 프린스들 눈에 안 띌 수 있지만, 영역에 숨어있는 하급 데이드라들은 분명 널 노릴 거야. 어떻게든 피해. 특히 아직 살아있다면 더더욱. 그들과 맞닥뜨려서 살아남을 확률은... 글쎄, 거의 없다고 보면 돼.

• **생존자들의 이야기 듣기**
만난 생존자들이 헛소리처럼 들릴 수도 있지만, 그 속에 쓸만한 정보가 숨어있을 거야. 어디가 안전한지? 다른 이들은 어떻게 탈출했는지? 이곳에 갇힌 자들의 말은 뭐든 도움

이 될 수 있어.

- **정신 바짝 차리기**

 불가능해 보이겠지. 달에게 맹세코, 네가 데이드릭 영역에 갇혀있는데 어떻게 침착할 수 있겠어! 하지만 다른 생존 기술들처럼, 공황에 빠지는건 아무 도움도 안 돼. 논리적으로 생각하고, 정신을 집중하고, 무엇보다 침착하게... 여기서 탈출한 필멸자들이 많았어. 너도 그중 하나가 될 수 있다고.

- **탈출구 찾아내기**

 영역마다 방법은 다르겠지만, 대부분은 필멸의 세계로 돌아가는 포털을 찾아야 해. 강력한 마법사가 소환하거나 자연적으로 생기기도 하는데... 어쨌든 존재하고 찾을 수 있어. 포기하지 말고 최선을 다해봐.

- **프린스의 관심 얻기**

 데이드릭 프린스들이 마음에 든 사람한테 축복을 내렸다는 이야기도 있어. 물론 아주 드문 일이지. 예를 들어 허씬의 위대한 사냥에서 승리한다거나... 뭐, 그걸 해낸 사람이 거의 없긴 하지. 그래도 네가 갇힌 영역의 프린스를 기쁘게 할 수 있을 것 같으면 시도해볼 만해.

결론

 탐리엘의 진정한 위험은 도둑이나 괴물이 아니야. 전혀 아니지. 그중에서도 가장 끔찍한 건 이 대륙 전체를 괴롭히는 어둠의 데이드릭 광신도들이야. 강력한 데이드릭 프린스들을 섬기는 이 광신도들은 항상... 항상 다음 제물을 찾고 있어. 광신도들에게서 도망치든, 데이드릭 영역에서 살아남든, 이 카짓이 알려준 게 최선이야.

 하지만 솔직히 말하자면... 우리가 전설적인 영웅이 아니라면, 오블리비언의 힘 앞에서 할 수 있는 게 거의 없어. 그러니까 이 카짓이 알려준 다른 생존 팁들처럼, 제일 좋은 건 이런 시련을 아예 안 겪는 거야. 안전하게 다니고, 경계를 늦추지 말고, 항상 조심해.

 네 목숨이... 아니, 네 영혼이 거기에 달렸으니까.

 달이 너의 발걸음을 지키시길.

안전한 여행을 기원하며

자, 이제 이제 이 카짓이 탐리엘의 수 많은 땅에서 살아남는 법에 대해 알려줄 수 있는 모든 지혜를 다 읽었네.

...아니면 어쩌면 성급하게 안내서 끝으로 건너뛰었을지도 모르고? 참 이상한 선택이라고 봐. 네가 앞으로 겪게 될 모험이 많은 만큼 위험도 헤아릴 수 없이 많거든. 그런 상황에 대비하는 게 이겨내는 첫 걸음이야. 뭐, 물론 그걸 알아서 이 훌륭한 안내서를 샀겠지?

어쩌면... 친절한 우르자가 이 카짓한테 소중한 지식을 나눠준 것처럼, 너도 이 지식을 다른 여행자들과 나눌 수 있을 거야. 탐리엘은 크고 놀랍고... 때로는 무섭기도 하고, 또 말로 다 할 수 없는 것들이 많잖아. 우리가 서로 돕고 지식을 나누면, 이 세상을 모두에게 조금은 덜 위험한 곳으로 만들 수 있을 거야.

안녕히 가, 여행자여. 달과 모래가 네 발걸음을 지키고, 별들이 네 길을 밝혀주길. 그리고... 부디 안전한 여행 되길 바란다.

안녕히 가, 여행자여. 달과 모래가 네 발걸음을 지키고, 별들이 네 길을 밝혀주길. 그리고... 부디 안전한 여행 되길.

...아, 그리고 혹시 우르자를 만나거든, 이 카짓이 잘 지내고 있다고 전해줘.

저자: 토리 쉐퍼

비디오 게임 작가이자 스토리 디자이너로 활동하고 있으며 워크래프트 온라인: 용군단 확장팩과 엘더스크롤 온라인, 스펠브레이크에 참여했다.

어렸을적부터 즐겼던 타로 카드에 열렬한 애정을 품고 있다. 게임도 타로 카드도 하지 않을 때면 남편과 사랑스러운 고양이와 함께 시간을 보내곤 한다.

삽화: 에리카 홀리스

시카고에서 활동하는 일러스트레이터이다. 그녀의 작품은 현대와 고전 예술가들로부터 영향을 받았으며, 각종 판타지 게임에서도 큰 영향을 받았다.

메모

도토리
DOTORY

www.dotorybooks.com
@dotory_books
@dotory_books

©2024 ZeniMax Media Inc. The Elder Scrolls Online developed by ZeniMax Online Studios LLC, a ZeniMax Media company. ZeniMax, The Elder Scrolls, Bethesda, Bethesda Softworks and related logos are registered trademarks or trademarks of ZeniMax Media Inc. in the US and/or other countries. All other trademarks and trade names are the property of their respective owners. All Rights Reserved.

No part of this book may be reproduced in any form without written permission from the publisher.

이 책은 Insight Editions와의 독점계약으로 도서출판 도토리에서 발간된 도서입니다. 저작권법에 의해 한국 내에서 보호를 받는 저작물이므로 책의 어떠한 부분도 당사의 사전 허락 없이 무단 전재 및 복제, 전송을 할 수 없습니다.

지은이: 토리 쉐퍼
삽화: 에리카 홀리스
옮긴이: 안다일
펴낸이: 안다일
한국어판 편집: 도토리 편집부
펴낸곳: 도토리
이메일: support@dotorybooks.com
신고번호: 제 2022-000113호
신고일자: 2020년 5월 22일
ISBN: 979-11-93070-06-2
발행일: 2024년 12월 31일
정가: 40,000원

Publisher: Raoul Goff
VP, Co-Publisher: Vanessa Lopez
VP, Creative: Chrissy Kwasnik
VP, Manufacturing: Alix Nicholaeff
VP, Group Managing Editor: Vicki Jaeger
Publishing Director: Mike Degler
Design Manager: Megan Sinead Bingham
Executive Editor: Jennifer Sims
Editor: Rick Chilot
Editorial Assistant: Sadie Lowry
Managing Editor: Maria Spano
Senior Production Editor: Michael Hylton
Senior Production Manager: Greg Steffen
Senior Production Manager, Subsidiary Rights: Lina s Palma-Temena

Text by Tori Schaeffer
Illustrations by Erika Hollice
Layout design by tabula rasa graphic design